世界教養72のレシピ

名古屋外国語大学 編
Nagoya University of Foreign Studies

本書は、名古屋外国語大学の教員が中心となって編んだ、教養教育の手引きです。当大学の「世界教養プログラム（応用編）」を構成する72のサブジェクトに合わせ、72のテーマをめぐるエッセーが収められています。ただし、「文化と歴史」の六項目については、世界教養の理念のポイントがここにあることから、またなによりもその地域的な広がりを考慮して、世界の六地域に関するエッセーを二つずつ用意しました。厳密には78のエッセーが勢ぞろいしています。

はじめに

自分流の世界教養へ

世界は一つではなく、無数の文化からなっている、世界をその多様性・多元性のなかで考えること——。名古屋外国語大学の「世界教養プログラム」は、こうした考え方に重点を置く「教養知」の体系であり、教養教育の大きな柱です。

「プログラム」じたいは三つの系（人文、学際、社会）でできていますが、そこでめざすのは次の二つの能力の涵養です。

① **豊かな共感力**——世界のそれぞれの地域に暮らす人々の生活や文化、歴史、芸術、宗教などに関する個別的な知。

② **健全な批判力**——グローバル社会の成りたちを正しく見きわめ、実社会でたくましく生きるために欠かせない実践的な知。

各テーマは、世界教養プログラム（応用編）を構成する72。これらを「食材」と見るか、「レシピ」と見るか……。

知的好奇心と想像力を駆使し、自分流の「世界教養」を手にしていただければ幸いです。

世界教養プログラム

東南アジア・オセアニア文化A・B 27・30	西アジア・アフリカ文化A・B 33・36	東アジア・日本文化A・B 39・42
言語の習得 54	通訳翻訳実践 57	クリエイティブライティング 60
アニメ文化 72	ポップカルチャー 75	ユニバーサルデザイン 78
比較宗教論 90	日本の現代史 93	異文化接触 96

暴力といじめ 110	生涯学習 113	比較人間文化 116
生命科学と倫理 128	世界の食文化 131	脳の科学 134
映像メディア 146	文化とコミュニケーション 149	ジャーナリズム 152
多言語多文化マネジメント 164	多文化社会論 167	人口と移民 170

知的財産 184	ジェンダー・人種・言語 187	人権と倫理 190
医療福祉 202	社会政策 205	比較教育制度 208
BRICS 220	現代イスラム 223	平和構築・紛争予防 226
ベンチャービジネスと経営 238	企業会計を読む 241	グローバルビジネス人材論 244

もくじ

人文	文化と歴史	ヨーロッパ文化A・B 9・12	アメリカ文化A・B 15・18	スラヴ・ユーラシア文化A・B 21・24
	言語と翻訳	物語と翻訳理論 45	言語とコミュニケーション 48	英語の歴史 51
	芸術と表現	絵画から世界を読む 63	映画論 66	音楽と演劇 69
	宗教と社会	キリスト教の世界 81	イスラム教の世界 84	仏教・儒教の世界 87
学際	人間発達と教育	人間発達と行動心理 101	メンタルヘルス 104	ヒューマンケア論 107
	環境・生命・数の世界	数と形の世界 119	統計の見方 122	地球環境と災害 125
	メディアとコミュニケーション	広告の戦略 137	情報とコミュニケーション 140	ソーシャルメディア 143
	グローバル共生	NGO・NPOとボランティア 155	少子高齢化と福祉・労働 158	公益通訳翻訳 161
社会	哲学・法・ジェンダー	現代を生きる哲学 175	家族と法 178	法と国際社会 181
	公共政策	現代政治 193	ナゴヤ学 196	地方自治と地域コミュニティ 199
	国際関係	世界時事 211	現代アメリカ 214	EU 217
	グローバルビジネス	グローバルビジネスと外交 229	国際金融システム 232	開発経済 235

人　文

文化と歴史

言語と翻訳

芸術と表現

宗教と社会

ヨーロッパ文化A・B

外来文化がつくる伝統と革新

甲斐《かい》清高《きよたか》

イギリスという国

イギリスという国の名前を聞いて、どんなイメージを思い浮かべるだろうか？　紅茶と紳士。王室と貴族。悪天候とまずい食事。サッカー。シェイクスピア、ビートルズ、ハリー・ポッター。それらはすべて、紛れもなく本当のイギリスの一部であるが、断片的でしかない。どの国についても言えることであるが、歴史や社会などの基礎的な知識がないと、その国の十分な理解には繋がらない。例えば、最近のEU離脱問題にしても、イギリスの歴史、特に他のヨーロッパ諸国との関係の歴史を知ると、単にイギリスが身勝手な自国第一主義に傾いている、というのとは別の見方ができるのではないだろうか。そうした歴史的背景を知ってこそ、真の国際理解が可能となる。

ユーラシア大陸の東と西の端に位置する島国であるという点で、イギリスと日本とは似ているとも言える。そのため、何かしらイギリスに親近感を持っている日本人も多いのではないだろうか。しかし、当然のことながら、違った部分も多い。

イギリス文化を学ぶ際に、まず強調されるのは、イギリスは、四つの国が連合して成立している国家である、という特殊な事情だ。正式名称、「グレート・ブリテンおよび北アイルランド連合王国」の「グレート・ブリテン」は、イングランド、スコットランド、ウェールズという三つの国を含むブリテン諸島最大の島であり、それに北アイルランドが加わったものがイギリスという国家なのである。連合王国全体の国土は日本の約三分の二、人口は約半分であることを考えると、規模としてはわずかに日本よりも小さい。

イギリスの人々と文化

イギリスを構成している人々は、どのような人たちなのだろうか? 歴史的に見れば、西暦一〇六六年のノルマン・コンクエストまで、イギリス諸島にはローマ人、アングロ・サクソン人、バイキングと、侵略者が次々と流入し、先住民を追いやったり、同化したりしていった。また、ノルマン・コンクエスト以降も、主にヨーロッパ大陸から多くの亡命者を受け入れている。さらに、十八世紀、十九世紀の植民地帝国の拡大に伴って、世界各地の人々がイギリスの地にやって来た。第二次世界大戦後には労働者不足を補うために、独立した旧植民地の国々、カリブ海、南アジアの国々から大量に移民を受け入れ、二十一世紀に入るとEUに新たに加盟した中欧諸国からも移民が増えた。また、隣国アイルランド共和国とは特に繋がりが強く、歴史上、盛んな人的交流が見られる。さらに連合王国内部でも、古くから四つの国々の間で人々が交わっている。人種のバリエーションが比較的少ないように見えるイギリスであるが、歴史的を辿ってみると、多様なルーツを持った人々が集まって現在のイギリス人を形成していることが分かる。

その結果、イギリスの文化もまた、多様な文化が混ざり合って構成されている。古くはケルト、ローマ、アングロ・サクソン、北欧、フランスの文化がイギリスの地で融合し、さらにはカリブ海や南アジア、そしてアメリカの文化等に大きな影響を受けながら、現在のイギリス文化が作り上げられている。私たちもよく知っているイギリスの言語、英語でさえ、歴史を辿れば様々な言語に影響を受けて、現在の姿になっているのだ。イギリス文化は伝統を保ちながら革新的なものを取り入れて独自の文化を創り出している、と言われるが、その伝統の部分にも、革新の部分にも、イギリスの外からの影響と切り離せないという事実は、イギリス文化について考える際に忘れてはならない。

お薦めの一冊として、近藤和彦『イギリス史10講』（岩波新書、二〇一三年）を挙げておきたい。イギリス関連の書籍はたくさんあるが、イギリスの歴史を概観しながら、具体的な文化的事象についても扱っている充実した一冊である。

芸術と表現　文化と歴史
宗教と社会　言語と翻訳

ヨーロッパ文化A・B

花開くフランスのサロン文化

小山《こやま》 美沙子《みさこ》

フランス人は、和気藹々《あいあい》とした雰囲気での会話を好み、議論好きである。フランス人教員が四名いるフランス語学科のオープンフロアでも、絶えずフランス語が賑やかに飛び交っている。フランス人は夕食に二時間かけると聞いていたが、現地でフランス人達と会食をして、納得したものだった。しかし、これも、会話が重要なあのサロン文化の伝統の名残なのである。私は、担当する講義で、「フランス文化の真髄とその現代性」というテーマを掲げ、様々な観点から話をしているが、ヨーロッパの中でも、フランスで最も活況を呈したサロンという社交文化も、フランス人やフランス文化を理解する上で、重要かつ興味深い現象である。

学問・芸術への関心と高まりを背景に、十六世紀、貴族の裕福な婦人達が、詩人や学者など文化人を集め、男女が座談を楽しみ、詩の朗読会を開く集まりを開いていた。「客間」を意味する

salon《サロン》というフランス語は、後にこうした社交的な集まりも意味するようになった。十七世紀、婦人達の主催する本格的なサロンが成立する。そこでは、さほど身分の違いに囚われないで、男女による定期的な会合が持たれ、会食、歓談、朗読、講話、作品の鑑賞と批評、特定の主題に関する議論などが行われ、これがフランス文化の礎となる文化運動を育んで行った。時代を彩る文芸も、フランス人の、言葉や洗練された趣味への拘《こだわ》りも、こうした文化を抜きには考えられない。十八世紀になると、海外の知識人達もフランスのサロンに引き寄せられ、文化交流の幅は広がりを見せて行く。サロンは、主に男性知識人による、公式の学術団体である会員制アカデミーと並ぶ、学問と思想、文芸の発信源であり、フランス文化の醸成と発展に貢献した。

サロンは、その成立期、宗教戦争後も続く粗野な精神風土の払拭《ふっしょく》を願う、時代の空気に応えたものでもある。中でも、蛮風を嫌い雅《みやび》を求める女性達の存在は、言葉と風俗の洗練に大いに寄与した。そして、教養を尊び、礼節と品位を重んじるサロンは、十七世紀、honnête homme《オネットトム》という理想の人間像を生み出す。これは、会話と立ち居振舞いが申し分ない教養人のことである。ただし、幅広い教養は必須だが、衒学《げんがく》趣味は厳禁であった。他方、知識が人を楽しませることは歓迎された。オネットトムのタイプは、その後も普遍的性格を帯びた理想の教養人像であり続ける。

ところで、サロンの女性達の中には、親の方針などから幼少より豊かな教養を身に着け、作家活動や学識で知られた者さえいたが、女子の公教育が貧困な時代、文化人の集うサロンは、女性達にとって格好の学びの場でもあった。同時にサロンでの活動のためには、書物を活用するなどして、自発的に学び続ける姿勢が求められた。サロンは、男女間である程度共通する知的基盤の上に成り立っていたから、それも当然である。もっとも、ここで自作を披露し、講演を行うのはやはり男性であった。とは言え、サロンに集う男性達も、確かな鑑識眼と教養を備え、趣味を洗練させる必要があったから、自身を磨き続ける努力が求められた。当然、サロンに集う教養豊かな婦人達との交流からも、男性達は多くの事を学んで行ったのである。サロンは、男女の学び合いの場でもあったと言える。

歴史を紐解《ひもと》いていると、タイムスリップして立ち会ってみたくなる場を、見出すことがあるのではなかろうか。私なら、知性と教養溢れる女性達が主催したフランスのサロンを、間違いなくそのひとつに挙げるだろう。例えばそれは、サロン成立期を飾る、十七世紀のランブイエ公爵夫人の文芸サロン、十八世紀、百科全書派や外国の知識人達も集った、ジョフラン夫人のサロン、そして十九世紀なら、やはり、ユゴー、デュマ、サンド、リスト、ショパンといった芸術家の他、学者や政治家達の交流の場となった、ダグー伯爵夫人のサロンということになろうか。

何はともあれ、文化の醸成と発信、多様な人と文化の交流、学びと教養人の在り方、コミュニケーション能力、男女のより良い共生の問題など、フランスのサロン文化は、改めてこれらを考える上で、今なお私達に貴重な糧を提供してくれるのである。

お薦めの一冊
赤木昭三・赤木富美子『サロンの思想史』名古屋大学出版会　二〇〇三年

アメリカ文化A・B

ミシシッピ川を覗いてみると

ハンフリー恵子《けいこ》

アメリカ合衆国の地図を広げると、中央近くを南北に縦断する大きな川があることに気づくだろう。アメリカ最長の大河ミシシッピ川だ。

アメリカ北部のミネソタ州から南下するこの川は、たびたび支流との合流を繰り返す。ミズーリ州のセントルイス近くでミズーリ川と合流し、さらに下ってケンタッキー州に差し掛かるところでオハイオ川とも合流するなど、ミシシッピ川は徐々に成長していき、やがて河口付近の町ニューオリンズに到達して最後はメキシコ湾に流れ込む。

このミシシッピ川から、私たちはアメリカの歴史、文化、社会を知ることができる。一六〇七年にイギリスからの入植者が東海岸に町の建設を始めてから、アメリカ開拓の歴史が始まった。開拓は徐々に内陸に向けて広がっていき、ミシシッピ川を越えてさらに西へと進んで行く。この巨大な川はやがて、広大なアメリカで大陸内部への人や物資の移送に欠かせない手段として使われるようになった。

十九世紀に入ってすぐに登場した蒸気ボートは、ミシシッピ川の様子を一変させた。川の移動には流れを遡る必要があるが、蒸気ボートが一気にそれを容易にしたのだ。強い流れに逆らって上流まで進むことができるようになり、さらにかかる時間も短縮された。こうして十九世紀のミシシッピ川では多くの蒸気ボートが人と物資を移送し、アメリカの急速な発展を支えることになった。

この時代を代表する作家に、ミシシッピ川と共に生きたマーク・トウェインがいる。彼の代表作『ハックルベリー・フィンの冒険』は、ミシシッピ川沿いにある小さな架空の町に住む少年ハックが町を飛び出し、逃亡奴隷のジムとミシシッピ川をイカダで下る冒険物語である。トウェインは、川を下るハックの冒険にアメリカが抱える社会問題を投影する。この物語は奴隷制度が廃止される前の、一八四〇年ごろを舞台として書かれており、それは奴隷制度を廃止した北部と奴隷制度を社会基盤におく南部が存在した時代、南北戦争以前の時代である。ジムはミシシッピ川を下ってオハイオ川との分岐点まで行き、そこから北上して自由州を目指していた。ところが、ハックとジムはその分岐点を見逃してしまい、ミシシッピ川河口に向かってさらに奴隷制度の厳しい南部の州へと入ってしまう。

実は『ハックルベリー』は南北戦争終結後の一八八五年に出版されており、それは奴隷制度がすでに廃止されていた時代である。しかし、奴隷制度の元に培《つちか》われた価値観は、この本が出版された時も、人種問題として社会に根強く残り続けていた。こうした社会問題をトウェインは、ハックとジムの陽気なミシシッピ川の旅に盛り込んでいるのである。

さらにミシシッピ川を下るハックたちの旅を読み進めるにつれ、私たちはアメリカ南部の文化のみならず、習慣や伝統を重んじて生きる人々の姿や、南部の貴族的な社会構造、さらには宗教観なども、読み知ることになる。トウェインは『ミシシッピの生活』で、ミシシッピ川の流れを読むことは、普通の人には読めない言葉で書かれた本を読むことに似ていると言う。人が書物から社会や文化、歴史を知るように、ミシシッピ川を見つめていると、私たちはそこから様々なことを知ることができるのだ。

二十世紀になると、ミシシッピ川沿いの町ニューオリンズから、ジャズの文化がアメリカに広がっていく。それは一九二〇年代をジャズ・エイジと呼ぶほどに社会に影響を与え、新しい文化を生み出していった。ミシシッピ川はいつの時代にあっても、アメリカ社会の変化や新たな文化の誕生を見つめ続け、その流れの中に脈々と歴史を刻み続けるのである。

お薦めの一冊

ジェームズ・M・バーダマン　井出野浩貴訳　『ミシシッピ＝アメリカを生んだ大河』　講談社選書メチエ　二〇〇五年

芸術と表現
文化と歴史
宗教と社会
言語と翻訳

アメリカ文化A・B

ラテンアメリカの混淆文化

野谷《のや》 文昭《ふみあき》

ラテン文学の翻訳が盛んですねとよく言われる。相手はラテン音楽と同じのりで使っているようだが、ラテン文学とはヨーロッパの古典であって、ラテンアメリカ文学とは異なる。ラテンアメリカとは、北はメキシコから南はチリ、アルゼンチンに至るスペイン系の国にポルトガル系のブラジル（合わせてイベロアメリカと呼ばれる）、それにフランス系のハイチを加えた国々を指して言うことが多い。ここでは特にイスパノアメリカ、すなわちスペイン系諸国を扱うことにする。

コロンブスがインドに到達したと錯覚したことから西インド諸島とも呼ばれるカリブの島々を、スペイン人が征服する。また、アステカ文明が栄えたメキシコ、インカ文明で知られるペルーも、黄金を求めるスペイン人によって征服され、破壊されたピラミッドなどは今日、世界遺産となっている。それらは被征服の記憶を留めるモニュメントでもある。メキシコの詩人オクタビオ・パスは、評論『孤独の迷宮』で、日常的に使われる「凌辱された女性の息子（イホス・デ・ラ・チンガーダ）」という言い回しについて考察しているが、それも被征服の遺産と見ることができるだろう。

征服にともなってカトリック教が導入されるが、それは基層文化と結びつき、混淆《こんこう》宗教を生み、信仰の対象が土着の神々と読み替えられることもある。メキシコで絶えずイコンを見かけるグアダルーペの聖母の肌は、褐色なのだ。またアンデス地域では、聖母が地母神パチャママと混同されている。そしてオペラの中で歌われる「コンドルは飛びゆく」の哀愁を帯びたメロディーには、インカの末裔が失われた過去を偲ぶ歌詞がつけられているのも、被征服の記憶があるからにちがいない。こうした混淆性はこの地域の文学・文化の特徴ともなっていて、メキシコの作家カルロス・フエンテスの短篇「チャック・モール」では古代の神が甦るし、ファン・ルルフォの『ペドロ・パラモ』では、土着の死生観を反映し、死者が地中で会話を交わす。コロンビアのガブリエル・ガルシア＝マルケスの世界ではしばしば奇跡が起き、幽霊が存在感を持っている。彼はローマのカトリックと土着の違いを皮肉とユーモアをこめて描きわけているが、そこには宗教は民衆のために活動すべきであるとした解放の神学に通じる思想を見ることができるだろう。

だが、アルゼンチンなど先住民が少なく白人の多いラプラタ地域では北アメリカのポーやヨーロッパ文学の影響が強く、早くから都会的な幻想文学が書かれてきた。ホルヘ・ルイス・ボルヘスの短篇集『伝奇集』やフリオ・コルタサルの『動物寓意譚』はその典型だろう。また十九世紀に生まれ、今日までラテンアメリカ全域に見られる独裁者小説は、この地域の政治状況を反映した一種のサブジャンルとなっている。グアテマラのミゲル・アンヘル・アストゥリアス『大統領閣下』、パラグアイのアウグスト・ロア＝バストス『至高の存在たる余は』をはじめ、ガルシア＝マルケス『族長の秋』、ペルーのマリオ・バルガス＝リョサ『チボの狂宴』など枚挙にいとまがない。

美術ではメキシコの壁画が有名だが、近年日本でもフリーダ・カーロの作品が知られるようになり、その苦痛に満ちた自画像とともに、メキシコとヨーロッパ系の混血である彼女の作品は、土着とヨーロッパの双方の文化を反映し、この地域の音楽や舞踊と同じく混淆文化の好例となっている。

いま最も注目されているのはラテンアメリカの映画だろう。一九七〇年代の新しいラテンアメリカ映画の運動が反ハリウッドを旗印に政治色の強い作品を生んだのに対し、現在はハリウッドの要素を巧みに取り込みながら地域的特色を失わない作品を撮る監督たちが活躍し、『アモーレス・ペロス』でブレークしたメキシコのアレハンドロ・ゴンサレス＝イニャリトゥや『シェイプ・オブ・ウォーター』のギレルモ・デル・トロ、『オフィシャル・ストーリー』で知られるアルゼンチンのルイス・プエンソらのファンは世界中にいる。スペイン内戦、そしてナチスの迫害を逃れてヨーロッパから亡命文化人が盛んにメキシコ市やブエノスアイレスを訪れ、ルイス・ブニュエルのようにメキシコの市民権を取った映画人もいる。こうした人材が、ラテンアメリカの文化を豊かにしたことは間違いない。

お薦めの一冊

野谷文昭『メキシコの美の巨星たち：その多彩でユニークな世界』東京堂出版　二〇一一年

スラヴ・ユーラシア文化A・B

スラヴ文化のインパクト

諫早《いさはや》 勇一《ゆういち》

ヨーロッパと聞いて連想する国はどこだろうか。フランス、ドイツ、イギリス、イタリア、スペイン――たいがいそれは「西ヨーロッパ（西欧）」の国々であり、ロシアやチェコを連想する人はまれだろう。かつてヨーロッパが西と東に分れていたころ、東は社会主義圏・共産圏であり、壁によって隔てられた別世界だった。そして、その「東ヨーロッパ（東欧）」の国々の多くには、ロシア人などの東スラヴ人、ポーランド人などの西スラヴ人、ブルガリア人などの南スラヴ人といった、スラヴ語を話すスラヴ人が住んでいた。西側陣営に属していた日本人が、彼らのことを縁遠い人びとと考えていたのも当然だろう。

しかし、ベルリンの壁が崩れ、ヨーロッパに西と東の区別がなくなり、オーストリアもチェコもともに中欧と呼ばれるようになった今日、スラヴ文化は勢いを増してわたしたちの周りに浸透してきている。

二〇一七年、フランスの画家として知られるミュシャの展覧会が話題を呼んだ。そして、ミュシャはじつはチェコに生まれ、ムハという名前であったこと、フランスからチェコに戻って「スラヴ叙事詩」と呼ばれる、スラヴ民族の苦難と解放の歴史を描いた壮大な連作を描いていたことが日本でも知られるようになった。アールヌーボーと呼ばれる装飾的で明るい色彩の絵画が特徴だった画家の、別のスラヴ的な側面が知られはじめたのである。

似たようなことは世界的に有名な画家シャガールにも言える。空飛ぶ恋人たちや、独特の青い色彩、ときどきのぞく動物の顔などで知られるユダヤ人シャガールは、画家としての人生の大半をフランスで過したが、生まれは現在のベラルーシ、当時はロシア帝国のヴィテプスクであり、彼の絵画には後に至るまで生まれ故郷のイメージが影を落としている。

このほかカンディンスキー、スーチンなど、スラヴの盟主ロシアは国境を超えて活躍する芸術家を数多く輩出しているが、なかでもよく知られているのは、二十世紀初頭から二十年あまりの間、パリを中心にヨーロッパ中で人気を博した、ディアギレフ率いるバレエ・リュス（ロシア・バレエ）だろう。ロシア帝国出身だったニジンスキーやマシーンなどのダンサー、ベヌアやバクストらの舞台芸術家、ストラヴィンスキーらの音楽家に加えて、ヨーロッパ各国から著名な音楽家（ドビュッシー、ラヴェルら）や画家（ピカソ、マティスら）を招いて演じられたロシア・バレエは、たんなるダンスにとどまらない総合芸術として広く注目を浴びた。スラヴの芸術文化はスラヴ世界の枠を超えて、二十世紀のヨーロッパ文化に大きなインパクトを及ぼしている。

もちろん、スラヴの文化は二十世紀に入ってから突然本領を発揮しはじめたわけではない。十九世紀ロシア文学の巨匠たち、ドストエフスキーやトルストイの文学は、今日もなお文学を通して人生を学ぼうと志す若者たちの心を捉えつづけているし、チャイコフスキーの三大バレエ『白鳥の湖』、『眠りの森の美女』、『くるみ割り人形』に子どものころから親しんできた人も多いにちがいない。

こう考えていくと、ロシア文化をはじめとするスラヴの文化は、政治的には異質に感じられるにしても、芸術的にはけっしてわたしたちと縁遠い存在ではなかったことがわかるだろう。ローマ字のアルファベットとは違うキリル文字のアルファベットを使い、カトリックともプロテスタントとも異なる正教を信仰するロシアやブルガリアのような国と、ローマ字を用い、カトリックを信仰するポーランドやチェコのような国が併存するスラヴ諸国。その多様性は、わたしたちを誘う尽きない魅力を湛えている。

お薦めの一冊

黒田龍之助『ロシア語のかたち《新版》』白水社　二〇一三年

芸術と表現 文化と歴史
宗教と社会 言語と翻訳

スラヴ・ユーラシア文化A・B

ユーラシア文化の基層と近代化

地田《ちだ》 徹朗《てつろう》

「ユーラシア文化」とは何か。そもそも「ユーラシア」とはどこか。とても大きな問いである。さしあたり、大まかに旧ソ連のイスラム地域をここでの対象としよう。ユーラシアとは、歴史的に古《いにしえ》の時代から東西南北に人とモノとが活発に行き交う結節点のような地域であったことをまずは押さえておきたい。

そして、「文化」について。我々は「文化」と聞くと、文学・美術・音楽などいわゆる「ハイカルチャー」を想像してしまいがちである。しかし、このような「ハイカルチャー」の基層を成しているのは、なによりもまず自然環境とそれに対応した人々の生業や生活である。文化とは生活様式である。ただし、これはかつての人類学・民族学が対象としていたようないわゆる「未開」の文化ではない。グローバリゼーションが進む現代的な文脈では、ユーラシアを含む世界のあらゆる文化が、否応なしに西欧近代の影響を被っているのだ。

それを前提とした上で、「ユーラシア文化」について考えてみよう。世界の屋根たるパミール高原やテンシャン山脈を源流とするアム川、シル川流域のオアシス農業（耕種専業）文化、低地での農業と高低差を利用した移動牧畜を組み合わせた、テンシャン山脈の北麓一帯での農牧複合文化、さらにはその周辺に広がるステップ・砂漠地域での水平移動を特色とする牧畜専業文化。生業に基づいて考えるならば、ユーラシア文化は以上の三つの類型に分けて考えることができる。そこに、局地的であるが、カスピ海、アラル海、バルハシ湖などでの漁牧複合文化が加わる。牧畜については、ヒツジ、ヤギ、ウマ、ウシ、ラクダ、ヤクなど、自然環境によって家畜種に違いがあり、それが人々の生活形態にも反映されている。

このような定住農耕を主体とする文化か、移動牧畜を主体とする（あるいはそれを伴う）文化かで、土地についての考え方や社会構造のあり方も変わってくる。オアシスと労働集約型の定住農耕は土地制度や都市を生み出し、社会構造のあり方も血縁と共に、地縁の役割が強くなる。ウズベキスタンやタジキスタンでは、都市部の街区（マハッラー）単位での結びつきや相互扶助のメカニズムが機能してきた。

移動牧畜を行う地域では、なによりもまず牧草がある移動径路の確保が重要であり、父系出自集団（氏族）単位で移動径路が決められていた。人口密度の低い砂漠やステップ地域では、近親婚と血の濃縮が起こりやすい。したがって、例えば、カザフでは父系で七代前までの親族集団との結婚は禁忌とされてきた。

イスラムの役割も、オアシス農業地域と移動牧畜地域とでは大きく異なる。

帝政ロシアが中央ユーラシアに南下し、後にソ連の支配下に入ると、このようなユーラシア文化も近代化の波にさらされることになる。地方行政制度の導入、スラヴ系農民の大量入植、ソ連時代の農業集団化により、氏族をベースとした伝統的な移動牧畜のシステムはほぼ破壊された。同時に、アイデンティティの拠り所としての氏族の役割は、今なお生きている。ソ連時代、マハッラーはソ連の統治システムの中に組み込まれ、地域の衛生管理や社会主義的な教育活動、同志裁判や自警団などに活用された。

今日でもマハッラー単位での人々の結びつきは強い。今日のユーラシア文化について考える時、自然環境や生業に基づく文化形態と、帝政ロシア時代、社会主義時代の近代化、そして、ポスト・ソ連の社会・経済状況、これらをすべて勘案する必要があるのだ。

お薦めの一冊

窪田順平監修　応地利明『中央ユーラシア環境史　4　生態・生業・民族の交響』臨川書店　二〇一二年

東南アジア・オセアニア文化A・B

みずからの認識を練りなおす

平山《ひらやま》 陽洋《あきひろ》

自分の抱くイメージと関心

社会や文化のあり方、政治や経済のあり方の多様性が特徴と指摘されることの多い東南アジアについて、ここでなにか特定のイメージを強調したくない。まずは、個々人のイメージを聞くことからはじめよう。あなたは、東南アジアという言葉を聞いて、どういったイメージをもつだろうか?

自分が知っていることならなんでもよい、大きな紙に書きだしてみよう。単語や事柄を羅列していってもよいし、説明文を加えてもよい。文字だけで紙を埋めてもよいし、イラストを描き足してもよい。これまであなたが生きてくるなかで、テレビのニュースや情報番組、旅番組で得た知識や、学校の教科書や参考書から得た知識が、そこに含まれることになるだろう。うろ覚えの知識でも、もしかしたら間違っているかもと感じる知識でも、とにかくおそれず書いていこう。作業を終えてできあがったもの、つまり、大きな紙を埋める文字（と絵）の集合体は、東南アジアについてのあなたのイメージの総体を表現したものとなる。

そのイメージの総体をあらためて眺めてみて、東南アジアのどういった側面に自分の関心が向いているか、整理して考えてみよう。物価の安い観光地という側面？　有名な世界遺産や歴史遺跡のある場所という側面？　エネルギー資源や鉱物資源、農作物の供給地という側面？　果物がおいしい場所？　日本企業もたくさん進出する世界の工場という側面？　高層ビルの林立するグローバル・シティを擁した地域？　貧しい人びとの住まうスラム街？　戦争や紛争が起こるきな臭い場所？　歴史上さまざまな王朝が興隆し、衰亡した場所？　植民地支配と独立運動の舞台？　独裁体制と民主化のドラマが繰り広げられる場所？　熱帯雨林のジャングル？　高地に並ぶ青々とした棚田？　托鉢する僧侶？　モスクに集うムスリム？　どういった側面に関心をもつのであれ、それらの関心が、あなたのイメージの総体を支えているのに気づくだろう。

自分の抱くイメージを書きだし／描きだし、そのイメージを支える関心を確認することで、東南アジアをめぐるみずからの現在の認識が、大まかにつかめてくる。そして、そのように自身の認識を把握する作業によって、それを刷新してつくりなおし、より豊かで深いものとするための第一歩が踏みだされることにもなる。

比較という方法

では、東南アジアをめぐり、いったいどういった方法で、自分の認識を刷新してつくりなおすことができるだろうか？　ここで強調したいのは、「比較する」という方法の効用である。

手始めに、個々人が自分のイメージを書きだした／描きだした用紙を見比べてみるだけでも、きっと発見がある。自分の気づかなかった視点がたくさんあることに気づくはずである。また、自身の関心を土台にして、インターネットや書籍で情報を収集していった場合には、ひとつの情報源を鵜呑みにせずに、複数の情報源を比較する作業の重要性を知るだろう。その比較によって、物事には複数の理解の仕方があることを実感し、それぞれの理解の仕方を相対化することができる。加えて、独善的な理解の仕方や、無理のある理解の仕方を排除することもできる。あるいは、自分の住む日本の事例と、あなたが関心を向ける東南アジアの国・地域の事例を比較したり、東南アジアの国・地域間の比較をおこなうのも、興味深い方法である。その比較により、一方の国では自然に思われることが、他方の国ではそうではないと学びうる。

多様性が特徴とされる東南アジアは、比較の材料に満ちている。比較する作業の積み重ねにより、東南アジアをめぐるあなたの認識は、きっと豊かで深いものとなるだろう。

芸術と表現　文化と歴史
宗教と社会　言語と翻訳

東南アジア・オセアニア文化A・B

濱嶋《はましま》　聡《さとし》

オセアニア文化のなかのオーストラリア

まず、アジア大陸と南北アメリカ大陸の属島を除いた、太平洋諸島とオーストラリア大陸を合わせた範囲をオセアニア（太平洋）と呼ぶ。その陸地面積の八六％をオーストラリアが占め、これにニューギニアとニュージーランドを加えると九八％となり、残りの数千の島々の総面積はわずか十八万平方キロに過ぎない（石川栄吉他編・『オセアニアを知る事典』平凡社）。

字数の関係上、今回は、オーストラリアのみの記述に留める。

二〇一一年度の国勢調査では、総人口約二一五〇万七〇〇〇のうち、みずからを先住民とみなす人は五四万八三七〇人で、このうち、アボリジニのみの血統が、約四九万三五〇〇人（先住民人口の九〇％）、トレス海峡諸島民の血統が約三万二九〇〇人（同六％）で、残りの約二万一九〇〇人（同四％）は、両方の血統の者であった。

一方、それ以外に関しては、総人口の二六％が外国生まれ、二〇％が親のどちらかが外国生まれ。その外国生まれの総人口五二九万人中、英国が一一〇万人（二〇・八％）、ニュージーランドが四八万人（九・一％）、中国が三一万人（六・〇％）、インドが二九万人（五・六％）、イタリアが一八万人（三・五％）、ベトナムが一八万人（三・五％）、フィリピンが一七万人と続いている。しかし、二〇〇七年から二〇一一年度の間に移住してきた人の国別では、インドが一三％で、英国は一二％、あとに続く八か国のうち、七か国がアジア諸国で、ヨーロッパの国はゼロである。

流刑植民地として開拓が始まった一八世紀後半、第一回目にポーツマス港から一一隻の船団（第一船団と呼ばれている）で囚人が送られてきたのが、一七八八年一月二十六日（約一五〇〇人の乗船者中、半分以上が子供・女性を含む囚人）。この日がオーストラリアの建国記念日になっているが、四～六万年前からこの大陸に住む先住民は認めていない。そして、一八六八年、最後の囚人が西オーストラリアに送られるまでの八十年間に、一六万人の囚人が送られた。（拙著・『アボリジニであること』名古屋外国語大学出版会）。

このような歴史・社会背景からお察しいただけると思うが、一言でオーストラリア人といっても多種多様であり、真のオーストラリア人とは先住民である、といっても過言ではないかもしれない。オセアニア地域との交流が深かった前任校へ、ブリスベンの姉妹大学から短期研修にやってくるオーストラリア人学生中、三分の二以上がアジア系であったこともあり、引率のドイツ系教授が、列車内で学生たちに簡単な日本語を教えていた光景を見ていた乗客たちが、外国人が日本人に日本語を教えていると勘違いしたほどである。

このような英語を母語としない子供たちへの、日曜学校を主とするエスニック・スクールでの母語維持のための教育も行われていて、私も何校が視察に行った経験があるが、現場の親御さん、先生たちは大変なご苦労をされていた。

今から約四十年前、初めてオーストラリアを訪れ、シドニーのホテルで働いていたのが約四十年前、交換留学生としてクイーンズランド大学に留学したのが約三十五年前、交換教授としてクイーンズランド工科大学で教鞭をとったのが約二十年前。その後は、先住民言語の維持調査で毎年訪れるようになったオーストラリアは、そのつど、異なる顔を見せ続けているように思われる。現地の研究者は言うまでもなく、交換留学時代、交換教授時代以来の友人のみならず、お世話になった四十年以上に知り合った人たち（多くが労働者階級の方）とも連絡を取り合って、それぞれの立場からのオーストラリア、日本についてのご意見をいただけることは、わたしにとってかけがえのない宝となっている。

お薦めの一冊

アントワーヌ・メイエ　西山教行訳『ヨーロッパの言語』岩波文庫　二〇一七年

芸術と表現　**文化と歴史**
宗教と社会　言語と翻訳

西アジア・アフリカ文化A・B

アジアはひとつ?

佐藤《さとう》 都喜子《ときこ》

「中東」と「西アジア」の違いは?

「中東は一体これからどうなるんでしょうね」と同僚に話しかけられた。シリア内戦の泥沼化、トルコのクルド人迫害、イスラエルのエルサレムへの首都移転の動きなど、メディアを通して、中東問題についての断片的なニュースが我々の耳に届かない日はない。そして、我々の多くは、刺激的で血生臭いこれらのニュースを聞いて、中東に対して「怖い」というイメージを作り上げてしまっている。では、「中東」ではなく、「西アジア」と言われて「怖い」と思う人がどれだけいるだろうか。実は、なじみの薄い「西アジア」と怖い「中東」は、地理的にほとんど重複している。なぜなら、「中東」は元々大英帝国から見て中くらいの東という意味合いから名付けられた地域なので、地理的にはアジアの西に位置する「西アジア」と重なる部分が多いというわけだ。ちなみに、国連や学校で使う教科書は、「中東」ではなく、地理的区分としての「西アジア」を使っている。

「西アジア」の文化・文明とは？

怖いというイメージが先行する「中東」、すなわち「西アジア」であるが、ここで思い出してほしいのは、「西アジア」は、エルサレムを聖地とするユダヤ教、キリスト教、イスラムという三つの宗教の誕生の地であり、三大文明のひとつ、ティグリス・ユーフラテス文明発祥の地でもあるということだ。また、子どもの頃に胸をワクワクさせて聞いた、船乗りシンドバッドの冒険や空飛ぶ絨毯などのエキゾチックな話に加えて、我々に身近なパンの材料となる小麦や、1、2、3といった日常的に使っているアラビア数字も西アジアで生まれた。このことからわかるように、「西アジア」は、古代から文化・文明が栄えてきた地域なのである。

「西アジア」の人々とは？

しかしながら、「石油」が発見されてから「西アジア」はヨーロッパの利権が絡んだきな臭い地域へと変貌していった。その結果、常にどこかで何か問題が起こっている地域、テロリストを生む地といったイメージが作られてしまった。しかし、実際に筆者が当地に住んで出会った「西アジア」の人々は、そのようなイメージとは裏腹に、平和を好み、家族と共にゆったりと流れる時間を楽しむ人々であった。さらには、彼らの日本人を見る目は親密感にあふれ、好意的である。

我々との共通点は？

「西アジア」は広大だ。そして今ここには力ずくで線引きされた国民国家の国境線が引かれている。しかし、「西アジア」には、実は目に見えない多数の境界線が存在する。それは、農耕、遊牧、半定住半遊牧といった生活様式の違いからくる境界線であるかもしれないし、民族の異なる者同士の境界線かもしれない。このように「西アジア」は、多種多様な人々が、国境線を超えた目に見えない境界線の中で共存している世界でもある。

しかし、筆者は、このような複雑な社会に住む人々が、「やはり我々と同じアジア人だな」と実感する瞬間に多々遭遇した。片倉もとこ氏によると、西欧の人々は、合理的で「直線的な」思考をするが、移動の民は、あいまいで「曲線的な」思考をし、単刀直入な物言いはしないという。筆者には、後者の特徴が「西アジア」一帯に住む人々にも当てはまるように思われる。そして、それは日本人をはじめとした東アジア人が元来持っている思考にも似ている。「絹の道」は東アジアと西アジアをつなぐ交易路である。しかし、それは物流にとどまらず、人の思考方法も流通したと思うのは、的外れの推理だろうか。日本人にとって良くわからないと思いがちな「西アジア」。しかし、実はそこに住む人々と我々との共通点は意外に多いのではなかろうか。

お薦めの一冊
酒井啓子『〈中東〉の考え方』講談社現代新書　二〇一〇年

西アジア・アフリカ文化A・B

アフリカの素顔を知ることの重要性

島田《しまだ》周平《しゅうへい》

日本では、アフリカについて学校で教えられることが少ない。それもあってか、我々のアフリカに関する情報は非常に限られている。また、日本のマスコミで取り上げられるアフリカのニュースといえば、干ばつ、飢餓、紛争、難民キャンプといった深刻な問題が多いので、日本人のアフリカ観は、いささか悲観的に過ぎる傾向が見られる感じがする。

ところが数年前、アフリカに関する明るいニュースが世界を駆けめぐった。そのニュースとは、国内総生産（GDP）の国別成長率で最も高い国十カ国の中に、アフリカの国が六カ国（二〇〇一〜二〇一〇年）から七カ国（二〇一一〜二〇一五年）も入っているというのである。アフリカと言えば貧困、低成長のイメージしかなかった日本では、にわかには信じられないといった感じの驚きをもってこのニュースは報道された。

だが、この報道に対するビジネス界の反応は早かった。現在のアフリカには、一人あたり国民所得（GNI）が二〇〇〇ドル以下の国々が多いが、このような高い経済成長率が続くようなら、低所得者層を対象としたBOPビジネス（Base of the Economic Pyramid：開発途上国における低所得者層を対象とした持続可能なビジネス）はもちろんのこと、一般のビジネスにとってもアフリカは有望な市場になりうると考えられる。

事実それを証明するかのように、携帯電話加入者数が急伸した。二〇〇三年に五二八九万人であったアフリカの携帯電話加入者数は、二〇一四年には約十七倍の八億九一一九万人になっていたのである。

アフリカの市場性が有望視されるようになると、これまで経済成長の足かせになるとして経済学者らから批判されてきた人口増大が、市場規模を拡大するプラス要因として評価されるようになってきた。

二〇一五年時点のアフリカ大陸の人口は、約一一・五億人と中国の約一四億人より少ないが、二〇五〇年には倍以上の二四億人になり、世界の四人に一人はアフリカ人になると予測されている。十八歳以下の若者に限れば、世界の三分の一以上（三七％）がアフリカ人になるという。その予測をみて「アフリカは世界に残された最期の未開拓市場だ」というセンセーショナルな意見を言う人も出てきた。

しかし、少し冷静に考えてみる必要もありそうである。二〇〇〇年以降のアフリカ諸国の高い経済成長率は、鉱産物価格の高騰によるものであり、その主因は急速な経済成長をとげた中国とインドからの投資にあった。そのため、両国の経済成長率に翳りが見えると鉱産物価格は下落し、当然アフリカ諸国の経済成長率も鈍化した。鉱産物価格は二〇一五年以降低下し、アフリカ諸国の経済成長率も、二〇一六年には二十数年ぶりの低水準に落ち込んでしまった。

また、人口急増が孕《はら》む問題も無くなったわけではない。これまでアフリカは土地が相対的に豊かな社会だと考えられてきたが、近年は人口増加による土地不足問題が各地で深刻さを増している。また、アフリカ人の域外への人口移動は、一九九〇年代以降急増してきているのであるが、その傾向は今後さらに加速すると予想されている。この新しい人口移動は、受け入れ社会に変動をもたらすばかりか、移住者たちが母国の政治経済に及ぼす影響も大きいだろうと考えられている。アフリカ社会自体も、大きな変容を遂げることになるのである。

我々は、「偏った」アフリカ悲観論に囚われることなく、かといって資源豊かな希望の市場といった楽観論に浮かれることもなく、アフリカの今後の発展と直面する課題とを、冷静に見極められる能力を身につけたいものである。

二十一世紀の中葉、アフリカが今とは異なる次元で、世界の政治経済の中で重みを増していることは、確実である。その近い将来に備え、我々はもっとアフリカの素顔に触れ、その多様性と豊かさをより正確に理解できる力をつけておくことが必要なのではなかろうか。

東アジア・日本文化A・B

東アジアの文字文化

西川《にしかわ》 真子《まこ》

古代東アジアの文明は、農耕に最も適した場所、中国の黄河と長江の流域からはじまった。その後、この地で育まれた文明が周辺地域へと広がっていったのは、同じくこの地で育まれた文字、いま私たちが漢字と呼ぶ文字の力によるところが大きい。

東アジアで最も古い文字体系を完成させたのは殷王朝である。紀元前一四〇〇年頃に、亀甲や獣骨の上に彫られた殷代の甲骨文字は、宗教儀礼と密接に関わる文字だった。

紀元前一一〇〇年頃、殷を滅ぼした周王朝は各地で諸侯に分封、礼的秩序による支配をおこなった。彼らは互いに緊張をはらみつつ、文字文化を共有する領域を広げていった。やがてその中から秦の始皇帝が全土を支配、併せて文字の統一も実施した。つづく漢王朝も秦を引き継いで支配領域を拡大し、前一〇八年、第七代武帝は朝鮮半島北部に楽浪郡など四藩を設置した。これ以降、近現代まで、朝鮮半島は中国の影響を色濃く受けつづけてきた。しかし一四四三年、李朝第四代世宗は、朝鮮語を表記するために漢字とは異なる文字体系を作り出した。この文字は現在ハングルと呼ばれる音節文字である。二〇世紀半ばの一九四八年、韓国では公文書はハングルで書くことになり、北朝鮮でも一九四九年に新聞や雑誌から漢字を排除し、現在に至っている。

朝鮮半島と同じく、ベトナムでも公文書は漢文で書かれてきた。十三世紀頃からは、漢字の他にベトナム語表記のために考案した俗字「チュノム」（字喃）の併用が試みられたが、やがて一九世紀末には「クオック・グー」（国語）と呼ばれるローマ字表記法が採用され、漢字もチュノムも使われなくなった。

日本は大陸の影響を受け、五世紀頃から本格的に漢字文化圏に組み込まれると、正式な文書は漢字漢文で記すようになった。だが、九世紀以降に平仮名と片仮名を完成させて漢字と併用、あるいは両者を使い分ける文字体系を生み出した。朝鮮半島、ベトナム、そして日本は、歴史的に漢字文化圏の境界域となってきたのである。

漢字を生んだ国、中国では三千年以上の間、漢字を唯一の文字としてきたが、国民の識字率と知識水準を高めるために、一九五〇年代以降、漢字の簡体化とローマ字を用いた表音文字「ピンイン」の普及を推し進めた。

二十一世紀に入ると、東アジアでは漢字を共有する地域をはるかに越えて、中国を中核とする経済圏を広げようという動きが始まった。「一帯一路構想」はその状況を物語る。一帯一路構想とは中国西部から中央アジアを経て欧州をつなぐ「シルクロード経済帯」(一帯)と、中国沿岸部から東南アジア、インド、中東を越えてアフリカ、欧州に通じる「二十一世紀海上シルクロード」(一路)の開発計画を指す。一帯と一路は、今まで漢字文化が広がらなかった地域に向かって伸びる道である。「漢字文化圏」をはるかに超える空間で、いかなる共同体が築かれるのだろうか。

現在、日本では漢字と平仮名並びに片仮名を併用しているが、その中で常用漢字は二一三六字である。日本社会で生活するのに、少なくともこれだけの漢字が必要だということだ。中国では歴史的資料に基づくと、「識字者」となるのに必要な漢字は、約三千字余りと考えられてきた。いま中国の九年間の義務教育課程で学ぶ漢字は、約三千五百字である。今後、一帯一路のルート上で中国人と接し中国語を学ぶ人は増えるだろう。また中国語の文脈を理解しなくても、一部の漢字をある種の符合や標識として用いることがあるかもしれない。日本人が日本語の文章の中にLOVEやHAPPYなど、アルファベットで表記する語を混在させるように、自国語の中に漢字を混じえた文章を書く可能性もあるはずだ。

漢字文化の視点からも、東アジアの未来には、さまざまな可能性を秘めている。

お薦めの一冊

阿辻哲次『漢字の文化史』ちくま学芸文庫　二〇〇七年
白川静『漢字百話』中公新書　一九七八年

東アジア・日本文化A・B

「日本文化」という思想世界を顕微鏡で覗いてみる

齋藤《さいとう》 絢《あや》

文化とは、何か。これは長い間、人々が考え求めてきた、人類・世界規模の学術的な疑問の一つであろう。文化にはじめて明確な定義を与えようと試みた人物の一人であるイギリスのエドワード・タイラー（Edward Burnett Tylor, 1832-1917）は、文化もしくは文明とは、その広い民族誌的な意味においては、知識・信仰・芸術・道徳・法律・習慣など、およそ人間が社会の成員として獲得した能力や習性の複合的全体であるとした。こういった難しい文字が並ぶと、文化という思想世界に足が遠のいてしまいそうだ。私は、日頃、こんな風な気持ちで文化世界の顕微鏡を覗いてみることにしている。文化は、人々が生きる上で必要とされてきた知恵や技術を、私たちの生活のなかで活かしていこうとする、人間の社会生活の営み全体なのではないか……。文化という世界を顕微鏡で覗くと、そこには、実に多くの世界が存在する。そこでみなさんに、これまで私が覗いてきた幾つかの世界をご紹介したいと思う。

まずは、人が集団生活を営む上で必要なコミュニケーションの母体となる「ことば（言葉）」の世界である。言葉は、文字というある種の表現媒体を通じて発せられるメッセージの表れである。言葉の成り立ちを見ていけば、そこには先人たちが残し、伝えようとしてきた数々の知恵を見て読み解くことができる。古書で伝えられる歴史的な出来事や、字体を音で表現した音声の記録物からも、私たちは、その土地に根付く風土や慣習を考えていくことができるのだ。でも、ただ出来事を知り、そこで終わってしまっては、文化がメッセージとして私たちに何を発し、残そうとしているのかまで、考えていくことは難しい。おそらく、文化を読み解く上で大切なことの一つは、文字や音声に表れていない、目に見えない先人たちの思いに寄り添っていくことだろう。あの人たちは、何を伝えようとしているのだろうか…。何故、こう表現しているのだろうか…。答えが出ない部分を私たちが解釈しようとする努力があってこそ、文化という知恵は、私たちの生活の力として輝くのではないだろうか。

二つ目は、芸能という身体表現を通じての文化である。例えば、文化という思想世界の顕微鏡を覗くときに、日本という国をズームしてみるとする。するとそこには、能楽や歌舞伎といった舞台芸能がある。物語の内容はもちろんのこと、役者たちが頭から指先まで全身をつかって演じる身体表現、身にまとう衣装、舞台全体にある素材と色彩、舞台の進行をリードしたり支えたりする演奏楽器、これらすべてのものに、先人たちの知恵と技術が宿っている。顕微鏡で文化という思想世界を覗くだけでなく、覗いたものを手にとって直接見て触れることで、より深く、細部まで確かめていくことができる。

三つ目は、衣食住という生活文化である。例えば、「食」という分野にズームして、キラキラと輝く「日本食」を発見したとする。四季折々の食の素材を活かし、自然との調和を優美に演出する日本食は、世界でも評価が高い。このように、日本食がどのように世界の人々に受け入れられ、評価されているのかを説明することは、日本食という文化の世界を表現することに繋がるのかもしれない。でもそれだけでは、日本食は日本文化である、と説明するには表現が乏しいであろう。

口にする食の素材は、自然の恵みである。四季折々の食の素材があるのならば、四季折々の自然環境が一体どんな状態にあるのか、なぜ日本人はそれらの食材を好むのか、漆器や皿に描かれる模様や四季を描く色彩は、なぜ人々を魅了するのか。作り手の思い、食を楽しむ人たちの思い。色々な視点の交差が、文化という思想世界が魅力的な世界であることを気づかせる。

最後に、日本文化という世界について楽しめる書籍『日本人の忘れもの1』（中西進（著）、ウェッジ文庫、二〇〇七年）を紹介して終わりたい。同書はシリーズ（1～3）で刊行されたもので、日本の文化力が様々な視点でユニークに表現されている。鞄に入れて持ち歩ける大きさだから、気軽に楽しめるのではないだろうか。

物語と翻訳理論

文学の不真面目《ふまじめ》さと遊戯性

ライアン・モリソン

文学なんて興味ないと言う学生が多い。そんな彼らに対し、僕はいつも第一回の授業で同じことを述べる。好むと好まざるとにかかわらず、君たちはみな文学の中で、つまり無限のストーリーで出来ている世界の中で生きている、と。故郷の母から届いた手紙。大喧嘩した彼氏から翌日に聞かされた謝罪の熱弁。テレビ番組で放映される隣国への悪口。それらは全部「文」すなわち「言語による patterns」である（芸術的価値はさておき）。世界は全てそのパターンや物語で形成されており、それを学ぶことが「文学」である。

高校までの国語の授業ではある程度文学を学ぶが、作品の抜粋だけを読み、その教訓を説明せよ、では何も始まらぬ。まず作品は、最初から結末まで読まないと意味がない。そして芸術・文学たるものは、何か分かりやすい教訓を伝えるための道具ではあるまい。文豪たちが、そのように自分の作品が教育者たちに扱われていることを知っていたら、きっと激怒するだろう。文学は堅苦しく、教科書の題材に過ぎぬと思い込む学生が多く、そんな彼らの固定概念を転覆させ、文学の面白さ、不真面目さ、遊戯性に気づいてもらわなければならない。

今の世の大学生たちは本さえ読まないと、教員が愚痴っているのをよく聞く。なるほど、文章離れ現象は以前よりひどいかも知れぬ。でもその理由は、学生が文章を読みたがらないからではなく、読む機会を与えられていないからである。文学作品の通読を課しても、学生が読んでこないので授業が成り立たないという愚痴も再三聞いてきたが、それは誤りである。

例えば、僕のある日の授業で、課題の森鴎外「山椒大夫」（一九一五）を読んでこなかった者は五五人中〇人。しかも読んだだけでなく、深く理解し積極的に解釈しようとしている。これは僕が極めて厳しい先生だからではなく、学生が何か面白いものに飢えていたからである。さらに既成の教え方にも問題がある。教師が学生のまだ読んでおらぬ、そして永遠に読まないであろう作品とその背景について、ずっと一方的に喋る講義だと、学生が眠ってしまうのは当然。学生が事前に作品をしっかり読んで、授業中に教師が提供した枠の中で考えたり、登場人物の行動とその動機について議論したり、宿題のエッセーを書き始めたりするような授業であれば、飽きる暇もない。つまり文学作品というものは、身をもって苦しみ体験するものであって、誰かの解説を消極的に聞いてすむものではない。

さて、講座名から、何か翻訳の方法について秘訣を伝授されることを期待するかもしれないが、これもまた、自ら積極的に体験し、身に付けてもらわねばならぬことである。例えば夏目漱石「夢十夜」（一九〇八）の授業では、まず英訳で作品を読み、理解したうえで解釈し分析する。それから和訳してみる。最後に学生が、自分なりに和訳した文章を漱石の原文と比較する。作品によっては逆の順番でやることもある。つまり日本語の原文を先に読み、それを自ら英訳し、最後に著名翻訳家のものと比較する。これは、言語と言語の間にあるギャップを実感させるためである。一つの言語からもう一つの言語へと変わるには、海を渡るような隔たりがあることを知ることになるだろう。

米国人である僕の授業で、ひたすら日本語の文章と向き合うことに驚くかもしれない。思うに、今の日本でお流行《はや》りの「喋ること」を中心に授業を進め、英語プレゼンによって最終的な効果を測る言語学習方法は、愚の骨頂である。教養学習における正しい母語・外国語の比率は八：二とし、読書中心に行うのが良い。

僕自身、米国の大学院で日本の歴史、文学、宗教等を勉強している時代、八割は母語の英語で、二割は日本語で書物をひたすら読んでいた。その後、研究員として来日し、日本語の書物だけを読んでいた時期ももちろんあったが、それが可能だったのは、最初の八：二比率の段階を既に経たからである。母語によって、特定の課題や分野を十分理解することができるようになったうえで、外国語で直接読み、分析することが果たせるようになるだろう。

言語とコミュニケーション

日本に言語はいくつあるか?

伊藤《いとう》 達也《たつや》

人がコミュニケーションのために言語を使うことは明白な事実だが、言語を人間の意思伝達の道具とのみ考えてしまうと、それが内に秘めた豊穣な価値をつかみそこなうのではないか?

フランスの人類学者、アンドレ・ルロワ=グーランは『身ぶりと言葉』(ちくま学芸文庫)の中で、「切る」ための道具であるナイフが、民族ごとに様々な形をしている事実に注意をうながしている。しかし考えてみれば、ナイフだけでなく、人間が生み出すさまざまなモノや道具は、そのまま人類の多様性を反映していることがわかる。日本の庭、フランスの庭、イタリアの庭、イギリスの庭、メキシコの庭はそれぞれ大きく異なっているし、日本の車、ドイツの車、イタリアの車、アメリカの車も、民族性の違いを強く反映している。言語は何よりもまず、このような人類学的な多様性を秘めた対象として、われわれの前に姿を表している。

他方で、この多様性をたった一つの道具へと収斂《しゅうれん》させる、宗教的、政治的、経済的ベクトルも常に存在してきた。言語学で媒介言語と呼ばれる様々な「共通語」がそれである。古代ギリシャのコイネー、中世ヨーロッパのラテン語、イスラム圏の古典アラビア語、近代ヨーロッパのフランス語、二十世紀後半の英語、中国語圏の北京官話など、「共通語」は地域や国を超えて道具として使われ、土着言語を超えた巨大な言語圏を作ることに貢献してきた。そしてまたこの巨大な「共通語」は、様々なバリエーションを生み出す源ともなった。ラテン語は、イタリア語、フランス語、スペイン語、ポルトガル語、ルーマニア語へと変化し、ブリテン島由来の英語は、アメリカ英語、インド英語、フィリピン英語などの世界諸英語へと分化しつつある。言語は絶えず変わり続け、この絶えず変わり続けるという性質こそが、言語の本質であるとも言えるのだ。

約十五万年前にホモ・サピエンスがアフリカ大陸に誕生して以来、おびただしい数の言語が生み出され、その多くが消滅したが、現在でもおよそ六千の言語が地球上にあると考えられている。これを国連加盟国の約二百という数で割ると、一カ国あたり平均三十の言語が存在することになる。一国＝一言語という建前になれた私たちは、この結果に違和感を持つかもしれない。

しかし身近な事例で考えてみてほしい。日本に、言語はいくつあるのか？　誰がそれを知っているだろう？　ユネスコは現在、日本の八つの言語が消滅の危機にあると警告している。アイヌ語、八重山《やえやま》方言、与那国《よなぐに》方言、八丈《はちじょう》方言、奄美方言、国頭《くにがみ》方言、沖縄方言、宮古方言である。言語と方言が混在していると思うかもしれないが、言語学は、方言と言語の間に質的区別をもうけない。区別は、話者集団の政治的ステイタスの違い（言語学以外の理由）でしかないからだ。ユネスコはまた、東北被災地の言語も危機に瀕していると警告している。父祖伝来の土地を追われた避難者たちは、移住先の学校や職場で新たな言語を覚え、やがて生まれ故郷の言葉を忘れていくだろう。現在、日本には四百以上の有人島がある。北はロシアに近い寒帯から、南は熱帯地帯まで広がる日本の国土を考えると、言語数は三十ではとても足りないと思えてこないだろうか？

イギリスの人類学者ロビン・ダンバーは、人の言語の起源を猿の毛づくろいに求めた。彼は、言語はコミュニケーションのために生み出されたという前提をひっくり返し、人が集団性を維持することそのものが、言語が存在する理由だと断じた。人がうわさに興じ、新聞・雑誌でゴシップを読み、携帯電話で連絡を取り合うのはなぜか？　ダンバーによれば、進化の過程で体毛を失った人類は、言語を用いることで生存に必要な百五十人程度の社会集団を維持しているというのだ。

またフランスの言語学者、アントワーヌ・キュオリは、「理解は誤解のうちの特殊なケースにすぎない」とも言った。コミュニケーションは自明な物でなく、会話を交わす二人は、お互い理解していると思いながら、矛盾を生まない程度の誤解を繰り返しているだけかもしれない。

このように、言語を道具と考える視点をいったんカッコに入れてみると、言語には人間の営みの複雑な痕跡が刻まれていることがわかる。言語そのものに興味をもつと、言語はたちまち人間という「話す動物」の本質を知る、豊かな資料体として姿を現してくる。多様な言葉を知ることは、人間というものを知ることへのもっとも身近で、確実な道であると考えられる。

芸術と表現　文化と歴史
宗教と社会　**言語と翻訳**

英語の歴史

ことばの進化

高橋《たかはし》 直子《なおこ》

言語の歴史は、私達人類の歩みである。英語の歴史もまたその歩みの一つである。ホモサピエンスが進化を遂げて人類が誕生し、「言語」を使い始めたのは約二十万年前のことだという。人類が使う「言語」がどのような形で存在してきたのかを学んでいくと、その歴史の中には、たくさんの物語が隠れていることに気付くだろう。

人類は文字を発明する前、「話し言葉」のみを使ってきた。皆さんは、スマホはもちろん、文字も紙も無かった時代を想像できるだろうか。私は昔、アレックス・ヘイリー氏が執筆した『ルーツ』という本に出会った。そのノンフィクションの物語の中で、二百五十年ほど前に、アフリカのガンビアからアメリカに奴隷として連れてこられたキンタ・クンテという人物が登場する。キンタ・クンテが生まれた村には文字が無く、「話し言葉」しか無かった。しかし、その村には「歩く事典」として、様々な知識を語り伝える職人が何人もいたそうだ。

例えば、村の歴史や家系図を何年も遡《さかのぼ》り語ることができる職人や、食べ物を獲得する方法や調理の仕方を語ることができる職人がいたという。そして、職人達は弟子を取り、何日もかけて反復して知識を覚え込ませ、「話し言葉」のみで村の知恵や情報を繋《つな》いでいったという。この話を読んだ時、私は「言葉」というものの不思議さを感じた。このキンタ・クンテの村で人々が行ってきたように、人類は文字や紙無しで何万年も「話し言葉」のみを使い、様々な知識を蓄積し、次世代に伝えてきたのだ。

そして、「話し言葉」に加えて、私達が中学校や高校の世界史で学んだように、今から約六千年前に、世界各地で「文字」つまり「書き言葉」が誕生した。例えば、英語や他のインド・ヨーロッパ言語で使われているアルファベットは、エジプトのナイル川流域で紀元前三千年頃に発明された象形文字から変化していったものだそうだ。このように、人類は「話し言葉」と「書き言葉」を道具にして、生き延びてきたのである。世界の言語資料を提供するエスノログによれば、現在、七千語を超える言語が世界に存在しているという。

さて、この講座で学ぶ「英語の歴史」だが、その歴史の中にある多くの物語を知れば、皆さんの英語に対する興味がきっと深まることだろう。言語史学者の寺澤盾《てらさわじゅん》氏によれば、イングランドで英語という言語が形成されたのは、今から約千五百年前だという。人類の言語が二十万年前に誕生したことを考えると、英語はまだとても若い言語だといえる。しかし、英語は今や「国際語」

と呼ばれ、現代を生きる人類にとって、学問的にも経済的にも、世界七千語の中でも最もパワフルな言語になった。私達日本人にとっても、進学、就職、あるいはプロフェッショナルにおけるツールとして、重要な存在になっている。この、英語が世界的にパワーを持った状況が良いのか悪いのか、という長年の議論は存在するが、英語が世界言語の中で大変重要な役割を担っていることは確かである。そして、英語の歴史をじっくりと学ぶことによって、皆さんに人類が作ってきた壮大な歴史に思いを馳せてもらいたい。

皆さんに「英語の歴史」を学習してもらう前に、英語に関する問題を少し挙げておく。

（一）英語では、にわとりを chicken というのに対して、鶏肉も chicken と言うが、なぜ牛 cow に対して牛肉は beef、豚 pig に対して豚肉は pork というように違う言葉を使うのか。

（二）なぜ a apple ではなく an apple というのか。

（三）なぜ debt や doubt には発音しない〈b〉があるのか。

これらの問題の答えは、英語の歴史の中に隠れている。答えを知りたい人は、ぜひこの講座に来てほしい。

お薦めの一冊

フィリップ・グッデン　田口孝夫監訳『物語　英語の歴史』悠書館　二〇一二年

言語の習得

サイモン・ハンフリー

言葉の達人への道　――言語学習の遥かな旅

外国語学習を表わすのに、「山を登る」とか「旅をする」とか「道をたどる」とかいった比喩がよく使われる。語学学習の成功者、スティーヴ・カウフマンの著作『言葉の達人への道――言語学習の遥かな旅』を通して、彼の旅をなぞってみよう。

カウフマンはヨーロッパの多言語的な家庭に生まれ、カナダのケベックの大学を卒業後、香港のカナダ大使館に勤めて、中国語を学んだ。その後、日本で働き、日本語を学ぶ。彼はポリグロット――多言語を習得した人――になる道を歩んだ。現在、中国語、日本語、韓国語、フランス語、イタリア語、スペイン語、ドイツ語、スウェーデン語、ロシア語などを話す。

彼が成功したのは「エンジン」と呼ぶ三つの言語学習戦略を使ったからだ――リスニング、リーディング、そして語彙の体形的学習だ。

エンジンその1　とにかく聞け！　スポーツと同じように、最初はゆっくりと、そしてだんだん量を増やしていく。二、三行（三〇秒くらいの長さ）から始めて二分、五分、最後には二〇分以上まで増やしていく。「リスニング」を通して得られるものはたくさんある。発音、リズム、語彙、流暢な発話。自然に話されている英語を聞くと、単語の個々の音が何かしら変化していることがわかる。例えば、ten minutes が tem-minutes に、good boy は goob-boy に変わったりする。カウフマンの言う「リズム」だけではなく、速度、抑揚、声調、強勢などイントネーションも重要だ。What did you eat for breakfast this morning? という文で、初めの五単語はとても速く話されるが、この発話のキーワード breakfast はゆっくりと、そして高音で、強勢をつけて発音されるかもしれない。

エンジンその2　リーディングの反復　これは不可欠だ。反復は会話能力を向上させ、語彙の強化にもなる。カウフマンのアドバイスは「同じ内容を何度も何度も読んで聞き、学習を強化する」というものだ。読書を習慣にして一日二、三〇分、自分のレベルにあったものを読むのを目標にしよう。五〇語に一語くらい知らない単語がある、というのが、多読には適切な読み物だと考えられる。習熟度が高くない場合には、語彙数を調整した段階別の読み物、グレーデッドリーダーがおすすめ。またオーディオブックや映画を使うのも良い方法だ。

エンジンその3　単語や熟語の学習　前の二つとは少し違って、計画的な「トップダウン型」の、形式重視の学習方法である。文章の単語や熟語に下線を引いたり、辞書で意味を調べたり、単語帳に書き留めたり、定期的に復習したりする。ネーションによれば、映画を理解するには六〇〇〇の見出し語の語彙力が必要となる。このレベルにある学習者は、新聞や小説などの普通のテキストについても、ほぼ九三%をカバーするとされている。

この三つの戦略すべてに言える二つの点が、習慣化と反復だ。毎日二〇分の勉強を二、三度くり返す習慣を身につけよう。疲れたら休もう。二〇分経つと、脳が新鮮さを失う。反復しなければ、進歩の速度が遅くなる。

新しい単語を完全に記憶するまでには、平均八回から一二回、その単語に出会うことが必要となる。その出会いの間隔は、だんだんと広げていくことが必要となる。カウフマンは、「エンジン」というアプローチを示してくれた。別の成功者たちは、また少し異なった道を選んだ。しかし、共通点がある。それは、習慣化して、繰り返し復習することだ。あなたは言語学習の遥かな旅で、どんなルートを辿るのだろうか。

お薦めの一冊

Kaufmann, S. (2005) *The Way of the Linguist: A Language Learning Odyssey*. AuthorHouse: Indiana, USA.
Nation, P. (2014) *What Do You Need to Know to Learn a Foreign Language?* Victoria University: Wellington, New Zealand.

通訳翻訳実践

ＡＩ時代の通訳翻訳

浅野《あさの》　輝子《てるこ》

ＡＩ時代の通訳翻訳とは

　通訳、翻訳をするといった行為を考える時、皆さんはどんなことを想像するだろうか？　発話者、著者の意図を解釈、理解をすることで、自分の言葉を用いて伝える。もしくは、辞書から引用したかのように、普遍的な語彙を用いて直訳的な言葉、言語に置き換えて伝えるべきだと考えるだろうか？　もし、直訳的な言葉、言語を用いて伝えるのであれば、今や、ＡＩが人間に代わって通訳、翻訳をできる時代になってきている。そんな時代にあって、通訳者、翻訳者に求められている行為とは、どのようなものなのだろうか？　発話者もしくは著者の伝えたいことを忖度《そんたく》し、発話者の意図を変えるのではなく、その場その場にふさわしい分かりやすい言葉で伝えることこそが、ＡＩにはできない血の通った優れた通訳者、翻訳者と言えるだろう。

また、ＡＩではありえない出会いや体験をすることもある。

例えば、外国の国王の通訳、首相の通訳などでは、ＡＩにはできない配慮のこもった言葉を選ばなければならない。司法通訳、医療通訳においては、ヒトの人生、命をも左右しかねない重責を担った通訳にもなる。そうした機会の通訳を成功させることができた時こそ、通訳者として最大のやりがいを感じる瞬間だ。

一方で、思いもかけない体験をすることもある。今は亡き世界三大テノールの一人、ルチアーノ・パバロッティの通訳をした際には、リハーサルにおいて、パバロッティが私を見つめながら歌うオー・ソレ・ミオを聴いた時の感動が忘れられない。

翻訳といった場合は、さらに難しい問題が噴出してくることもある。

翻訳する文体がビジネス文なのか、個人的な手紙なのか、文学なのかによって、どのような語彙を選ぶかが大変重要になってくる。ビジネス文や手紙であればＡＩでも可能かもしれない。しかし複雑な案件になってくれば、専門家のチェックが必要になると思われ、文学者の文体となれば、どのような語彙を選択するかは、文学としての価値を左右してしまうほど重要な選択となってくる。翻訳者は著者の意図を変えるのではなく、流れを壊すことなく、思い浮かべる情景すら損なわない言葉で文体を構成しなければならない。著者の文体が醸しだす雰囲気を損なうことなく訳す行為は、違う言語に置き換えることで変わるかもしれない流れをも、考慮しなければならない。翻訳者独自の解釈により独自の言葉、文体を選択することからも、一介の翻訳者というよりは、翻訳者自身が文学者としての資質を身につけていなければならないと言える。そこに翻訳の難しさ、醍醐味が存在するといっても過言ではないだろう。

これから通訳翻訳を目指す人へ

人のメッセージを正しく伝えるためには、何よりも、その人の発言の意図を、よく理解しようとする態度や、さらには理解したことを自分の言葉で伝えようとする努力が必要だが、これこそ「コミュニケーションの基本」であると言える。また、通訳とは「英語をペラペラしゃべる人」というイメージがあるが、通訳がうまくなるためには、単に英語ができるだけでは十分ではない。通訳をしている時、半分は日本語を話しているのだ。そして日本でプロの通訳者として仕事をしていくのであれば、まずは通訳者が発する日本語でほとんど評価が決まってしまう。母語であるため、話せて当然と思っている日本語が実は難しいということも、通訳訓練を受けて初めて気づくことが多い。「美しい話し言葉としての日本語」も、大いに磨かなければならない。さらに通訳には、語学力以外の一般常識や、様々な専門分野に関する知識も必要であり、何事にも知的好奇心を持っていなければならない。通訳や翻訳の勉強をすることによって、皆さんが英語力のみならずコミュニケーションスキル、日本語力を大いに高めていくことを期待している。

お薦めの一冊

小松達也『通訳の技術』研究社 二〇〇五年

クリエイティブ ライティング

ロールプレイで紡《つむ》ぎだす物語

ムーディ美穂《みほ》

まっ白な紙が配られ、「何でも自由に書いてください」と言われたらどうだろう。かえって何を書いていいのかわからなくなるのではないだろうか。

英語の授業における四技能のうち、一番の不人気はライティングであるそうだ。確かにライティングはしんどい。和文英訳や、文法の書き換えも楽ではないが、とりあえず目の前にやるべき課題がある。書くことは自分を表現するコミュニケーションツールの一つではあるけれど、まず誰に向かって、何を発信するか、そこから考えなければならない。

「自由」の幅を少し狭めて、何かについて意見を書くならどうだろう。「グローバリゼーションについて」、「同性愛者の結婚について」など。とりあえず取りかかるべき課題はできたが、これも決してやさしくない。文法を間違えるかもしれないし、知識が浅いと思われてしまうかもしれない。何よりも、自分の考えを知られてしまう。「グローバリゼーションに賛成できない」と書いたら「それは間違っている」と言われるかもしれない。同性愛者同士の結婚に賛成だと書いたら、おかしな奴だと思われないだろうか。ライティングは、自分の意見や知識のなさが露呈してしまう。ライティングは、怖い。

自分ではない「誰か」になって考え、書いてみたらどうだろう。トピックについて書く前に、クラスメイトとペアになり、ロールプレイの形態でディスカッションをしてみる。一人は同性愛者（a）で、パートナーと結婚したいと思っている。もう一人はその人の父親か母親（b）。ロールプレイをスムーズに進めるためには、登場人物の細かい情報が必要だ。（a）はどのような人なのか。大学生か、社会人か。パートナーはどのような人で、なぜ結婚したいのか。（b）はどのような仕事をしているのか。自分の子供に対してどのような将来を望むのか、等。登場人物の詳細を決めることを、キャラクタライゼイションという。自由に決めて良いのだが、ここでは二つだけ守って欲しい条件がある。一つは、親は自分の子供が同性愛者であることを知らない。二つ目は、子供には親に自分の結婚について認めてもらう、というミッションがあること。そして二人に共通のゴールは、お互いがお互いの幸せを願っている、ということだ。

この会話が、いつ（例：久しぶりに実家へ帰って来た日の夕食後）、どこで行われるのか（家の中のリビング）、第一声はどちらが、何と言って話をはじめるのか、設定は細かければ細かいほど言葉が出やすくなる。お互いの幸せを願い、相手を気遣うことによって、言葉の選び方、話し方に改めて注意がいくだろう。最初は五分から十分以内に時間を決めてやると良い。解決策が見つかるまで続けずに、時間が来たらやめる。終わったら、話した内容、使用した表現を振り返ってみる。もっとこう言えば良かったと思うこと、言いたかったけれど英語で何と言えば良いかわからなかった表現や単語を調べ、書き留める。設定で辻褄が合わないところは、ロールプレイをすることによってはっきりする。

修正点をまとめたら、もう一度やってみよう。二度目はさらに自信がつき、言葉をさっきよりも自由に操れるはずだ。何よりも、登場人物に自分の心が寄り添っていることに気づくだろう。トピックについて、今まで見えなかった側面に気づくかもしれない。同性愛者の結婚に賛成だったが、親の身になって考えるとそうとも言えない、あるいは、結婚というステップが、自分と相手だけの問題でない、と考えるようになるかもしれない。

口から出た言葉はそのまま消えていく。忘れてしまう前に、自分たちが紡ぎだした言葉を書き留めれば、それは立派な作品となる。自分の頭と心、体を使って創作した物語にはオリジナリティがあり、そこで語られた言葉は決して忘れないだろう。

お薦めの一冊

平田オリザ『対話のレッスン』講談社学術文庫　二〇一五年

絵画から世界を読む

点から線へ

加藤《かとう》 有子《ありこ》

絵画をみるとは、どのような経験なのだろう？

色とかたちを感受する。絵画に描かれた別世界に没頭して、「今、ここ」の現実をいっとき脱する。物語やメッセージを読み取る。有名な作家の代表作を、目の前の絵画と同定する。絵画をみるとは、美術館に行くことだと考える人もいるかもしれない。美術館で絵に触れることは禁じられている。しかし、絵画は触れて「みる」こともできるはずだ。絵の具の盛り上がりや筆の痕跡、描かれている土台（「支持体」という――たとえば、カンバス、紙、壁など）に注意を向けると、絵画が触知可能なモノ、すなわち物質であることにも気づく。そして、絵画の支持体、媒体（メディウム）が変化していることにも。

複製技術の発達とともに、「今、ここ」にある絵画は唯一の存在ではなくなり、複製がいくつも作られ、遠い場所にある名画が私たちの日常に入り込む。インターネットが現れた今日、デジタル化されたイメージは、時間と場所を越えてどこでも現れ、瞬時に消えうるものにもなった。絵画という概念は変化している。そして、「絵画をみる」という経験は多様だ。

きれい、面白い、変、よくわからない――私たちは、同じ絵画をみて、それぞれ異なる印象や感想を抱く。私という個人として感じ、考えることは、絵画をみる経験の原点である。それは他人と同じである必要はないし、正しい感じ方もない。それを誰かが一律に決めることもあってはならない。個人の考え、感じ方の多様性を認めることは、絵画をみる経験のみならず、近代以降の社会、私たちの生きる社会の前提である。

一方、歴史的に捉えると、絵画という概念、絵画の経験は時代と地域によって変化し、ある型や流れとして見えてくる。絵画は現実世界から切り離され、自律した世界にあるのではない。一枚の絵画は何かに対するリアクションとして、社会のなかで生まれた。慣習や伝統の踏襲、先人の模倣、あるいは否定や反発、問いや逆転、ずらしとして。

代表的な画家の名前や作品、時代と地域に特徴的な形式（「様式」）を知るのは、あくまで、絵画をみる経験の準備段階だ。美術史や美学・芸術学を通して目指すのは、点としての一枚一枚の絵画をつなぎあわせ、「今、ここ」の私たちにまで連なり、その先に延び行く、うねりある太い線を描き出すこと。それは、今につながる人間たちの思考と文化的営為の連続のなかに、動いている歴史のなかに、一枚の絵画を捉えることである。

美術史や美学は、「美」「芸術」「絵画」といった、一見、自明の概念がいかに変容してきたかも考えていく。「美しい」「感動した」と一言で言い表してきた現象は、実はその一言では言い表せない複雑さを含む。そのことに気づき、その内実にさらに迫るために思考を重ね、言葉を探し、言葉を彫り込むのがこの学問だ。

大学の四年間で、世紀の大発見をする確率はほぼない。しかし、大学における学問は、まぎれもなく、人間が絶え間なく続けてきた思考と文化的営みの一端に連なる。日々の大学生活を通して、私たちは人類知に携わる大学の一員として、社会に、世界に参加し、関与している。

現在の日本には教養という言葉が溢れかえる。しかし、教養は所与の知識や情報の集積ではない。混沌とした世界の現象に向き合い、それを把握しようと自身で活用して初めて、知識は人間の文化的営為の一部として作動し始め、教養と呼びうるものになる。

これまで並々ならぬ努力で人間がつかみとった学問の自由を享受し、次世代に守り伝える大学人としての自覚とともに、まずは、感覚と思考と言葉を研ぎ澄まし、「みる」ことから始めたい。

映画論

〈映画〉という矛盾に向き合う

石田《いしだ》 聖子《さとこ》

「映画論」では〈映画とは何か〉という問いに対して一定の見解を導くことを目的とするが、この問いに答えることは見かけほどやさしくない。なぜなら、映画とは雑多な要素が結集してできた総合体であり、独特のつかみどころのなさをもつためだ。

映画のとらえがたさは、たとえば友人たちと連れだって映画を鑑賞した後で感想を言いあう際にも、しばしば経験する。グループのうちのひとりは映画のストーリーを堪能し、別のひとりは音楽に感銘を受け、また別の友人は俳優の演技を絶賛する。同一の作品を観たはずなのに、まるで別々の何かを体験してきたかのようだ。映画は、それを構成する種々の要素のうちの何に着目するかによって、相異なる表情を見せてくれる。それほど豊かな可能性を秘めた多面体であるというわけだ。

ともかくも、一般的に映画は娯楽と考えられている。しかし映画の歴史をひもとくと、映画が最初に産み落とされたのは科学の世界だったことがわかる。映画の原型とされる装置フェナキストスコープは、一八三〇年代に物理学者ジョゼフ・プラトーにより、人間の視覚の原理を解明するというれっきとした科学的目的のもとに開発された。

その後、映画誕生の決定打となったのは、一八七〇年代に写真家エドワード・マイブリッジが実現した、連続高速撮影技術である。この技術により、人間の目には速すぎてとらえられなかったギャロップする馬をはじめ、運動している最中の動物や人間の姿を精確に把握することが可能になった。つまり映画は、人間身体ならびに現実を忠実に再現する技術の探求の途上に誕生した科学技術ツールだったのだ。

では、映画が娯楽となったのはなぜか。先述のフェナキストスコープは、円盤上にずらりと描かれた、少しずつ形の異なる静止画を動いているようにみせる装置であった。つまり目の錯覚を利用して、実際には存在しない動きを生み出すのだ。ここで「錯視」に着目したところに、映画が娯楽となる道が拓《ひら》ける。錯視とは、なぜか心愉しいものだからだ。実際に、科学の実験装置として開発されたフェナキストスコープは、子どもにも喜ばれるおもちゃとして世間的な成功を収めることとなる。

こうして映画は、思いがけず、科学的ながら娯楽的でもあるという矛盾を本質とする、奇妙な装置として育まれることとなった。現在、娯楽性に主な注目が集まっているが、その歴史に親しむなら、映画の娯楽性とはむしろ副次的な性質にみえてくる。

映画の誕生から一二〇年以上を経たいま、映画館に足を運ぶ習慣のない人も少なくないだろう。映画館に村全員が集った――イタリア映画の名作『ニュー・シネマ・パラダイス』(ジュゼッペ・トルナトーレ監督、一九八八年)が描きだしたような映画との付き合い方は、すでに去って久しい。そんな映画に、一昔前のメディアという印象をもつひともいるかもしれない。しかし映画に特段の関心がなくとも、映画と無関係ではいられない。映画のエッセンスは、現代の生活にも溢れているためだ。

映像について考えてみるとよい。ふだん映画を観ないひとでも、スマートフォンで写真や動画を撮って楽しむことはあるだろう。ならばちょっと考えてみてほしい。目の前にある物や光景、よく見知っているはずの自分や親しい人の顔を撮影して見返すことはなぜ楽しいのか、を。そのような、現代人の日常にまつわる問いを解く鍵は映画にある。映画こそが、映像を生成する技術や文化の源にあるためだ。やや大げさかもしれないが、映像なしに過ごすのはもはや困難というこの時代を生きている誰にとっても、映画は立ちどまって、それは何かと問うてみる価値のある問題と言えるだろう。

お薦めの一冊

アンドレ・バザン　野崎歓、大原宣久、谷本道昭訳　『映画とは何か』(上・下)　岩波文庫　二〇一五年

音楽と演劇

時代を超える総合芸術オペラ

梅垣《うめがき》 昌子《まさこ》

「オペラは最初が肝心。初体験のときに感動するかどうかで、オペラが好きになるかどうかが決まるんだ。好きになったらずっと、オペラは君の魂の一部になる」。ある映画のワンシーンで青年実業家が、劇場デビューする同伴女性に向けてささやくセリフである。初めてのドレスに身を包み、まばゆい光に照らされたオペラ劇場のボックス席に腰を下ろした彼女は緊張気味。客席のライトが落ちて、舞台が始まる。見慣れぬ光景に最初は戸惑いを見せるが、ストーリーが展開するにつれてその目は舞台に釘付けになり、クライマックスでソプラノのコロラトゥーラが頂点に達した瞬間、彼女の目に涙が溢れる。

総合芸術と表現されるオペラには、音楽はもちろんのこと、演劇・文学・美術などの要素が複雑かつ有機的に組み込まれている。非日常的な設定のもとに繰り広げられる愛や嫉妬や裏切りの悲劇、あるいは愉快な勘違いの喜劇。そして何よりも、役柄に対応したソプラノ、アルト、テノール、バリトンなどの、まさに文字通り体を張った演技と歌唱。ある時はふり絞るように、ある時は超高層ビルのてっぺんから玉を転がすような超絶技巧の節回し。

たとえ歌詞の内容がわからなかったとしても、命のエネルギーが大気を振動させる圧倒的な迫力と叙情性に、心を揺り動かされないほうが難しい。世界に一体しかない、血の通ったプライスレスの「楽器」から繰り出される千変万化の調べは、同じ人間の五感に無条件の共振を生み出すかのようである。

オペラが誕生して約四世紀がたつ現代、日本ではごくあたりまえのように、ドラマやCMや映画、あるいはサッカー場などでも有名なオペラの楽曲が多く使用され、そのメロディーは無意識に生活の一部にさえなっている。しかし例えばモーツァルトの『フィガロの結婚』や『ドン・ジョバンニ』、さらに『魔笛』などが初演されたのと同じころの日本の状況を即座に思い浮かべることは、習慣の一部になっているとはいえないだろう。

当時の日本は寛政の改革の時代。山東京伝《さんとうきょうでん》の洒落本の発禁処分でダメージを受けた版元の蔦屋《つたや》は、喜多川歌麿《きたがわうたまろ》の大首絵《おおくびえ》の大ヒットで首をつなぎ、歌舞伎役者をモデルとした写楽の浮世絵で起死回生を図っていた。

それから一世紀弱を経て、ヴェルディの『アイーダ』がカイロのオペラ座で初演されるが、ちょうどその前の月にようやく、日本では岩倉使節団と津田梅子らの女子留学生が欧米へ出発したのだった。それは廃藩置県が実行され、封建制度が終焉をむかえた年であった。

かつて堀田善衛は、『美《うるわ》しきもの見し人は』の序文において、ヨーロッパの美ないしはその「主柱」に近づくには、「われわれの内なる自然なもののうちの、何か一つを、またはいくつかのものを殺してかかるか、またはどこかへ押し込めたり目をつぶったりしなければならぬ」と語った。そしてそれを「勉強」と呼び、「この無理と努力の報酬としての感動がある」のが通例だろうと述べている。

それから半世紀、「われわれ」はグローバル化の波に洗われて、幾分変容した可能性はある。しかし、芸術にふれて深い理解に到達することを真の「感動」とみた場合、そこに至るプロセスは時代をこえて不変であろう。

音楽に接して大きく感情が揺さぶられることと、その音楽の意味を真に理解して感動することとは、似て非なる別の体験だ。

オペラや交響楽、器楽などの作品は、いかなる歴史的・文化的・宗教的背景のもとに、いかに構築され演奏されて現在に至っているのか。音楽と演劇の多様なかたちと流れを、歴史的文脈に照らして詳細に学ぶことにより、揺さぶられた心は一過性でない深い感動に出会うことができる。それは、かけがえのない財産になる。

アニメ文化

国内外からの日本の認識を深める

ルーシー・グラスプール

誰もがマンガを読んだことがあるだろう。マンガは歴史、芸術に深く根差していて、あらゆるトピックを網羅し、ほとんどすべての日本人によって消費されている。それに対して、アニメは、非常にポピュラーであるにもかかわらず、そのジャンルと消費者の幅はもっと限定的だ。あまり「まじめな」ものとは見られない――軽い娯楽で、良くて趣味、悪いと病的偏執といったところか。しかし、アニメ文化は、特に海外から見た場合、日本のポップカルチャーの重要な要素となる。あなたが子供の頃好きだったアニメが、世界中で愛され、評価されているかもしれない。

日本国内でも、アニメ文化は普通に考えられているより重要かもしれない。アニメの美学は日本の都市風景に溶け込んでいる。アニメ風キャラクターは、秋葉原のような場所にとどまらず、広告看板、パチンコ店のスクリーン、電車内、さらには銀行通帳やキャッシュカードにまで見られる。日本のあらゆる人々が、こうした映像にさらされている。重要なのは、アニメ文化がアニメ作品に限らず、大衆文化の複雑なネットワークに組み込まれていることだ。アニメはマンガ、ゲーム、コスプレ、ファッション、音楽、スポーツなどとリンクする。この新たなデジタルの時代、マルチメディア・ネットワークとユーザー生成型メディア（ファンが作り出すメディア）は、現代文化の理解にとってますます重要になってきている。

公共空間におけるアニメ映像の氾濫、世界的なアニメ人気が意味するのは、アニメが日本のソフトパワーにおいて顕著な位置を占めている現状だ。「ソフトパワー」は、国が（軍事や政治ではなく）文化を通じて自国・他国の人々とつながり、影響力を及ぼす場所。日本のソフトパワーが海外で最も成功したのは、伝統文化（寿司、着物、神社、ゲイシャ、サムライなど）と、ポップカルチャー（アニメ、ゲーム、ファッションなど）である。

日本国内では、アニメが自分の国と歴史についてもっと知るきっかけとなっている。自分の好きなアニメに描かれる場所を訪れて、写真を撮り、その土地の知識を深め、地元の観光産業を活性化する。これは、「アニメ・ツーリズム」あるいは「聖地巡礼」として知られている。また、時代劇アニメや時代劇ゲームの（主に女性の）ファンには、日本史に深い興味を抱く人たちもいる。こういう人たちは、「レキジョ」として知られている。

色々な意味で、アニメは好ましい影響を与えている。多くの海外の若者が、日本に興味を持つきっかけとなっている。アニメ好きが高じて多くの留学生が日本に勉強に来る。日本政府は公式に、海外でのアニメのプロモーションに力を入れており、例えば「クール・ジャパン」という大きな観光戦略を展開している。演劇や小説といった他のジャンルよりもアニメのほうがうけるという状況には、良い点も悪い点もある。もちろん、アニメのおかげで外国人が日本好きになるのはすばらしい。問題は、アニメが必ずしも「現実」を反映していないことで、不正確で、ステレオタイプな日本文化や日本人のイメージを作り出す恐れがある。これは、アニメ文化をまじめに研究すべき理由のひとつである。日本、ジェンダー、人種等について、どんなメッセージが世界に向けて発信されているのか？ そのメッセージはどのように解釈されているのか？ 海外での日本のイメージにどんな影響を与えているのか？

いまアニメは人気の研究分野となっている。自分の好きなアニメが研究テーマになるかもしれない！ ジェンダー研究、社会学、心理学、宗教、政治等の分野から、アニメを研究することができる。少年アニメ、少女アニメ、ＳＦアニメ、スポーツアニメのような特定のジャンル、あるいはアニメの制作や流通に焦点を当てることもできる。アニメファンの研究さえ可能だ――アニメがどのように消費され、人の生活にどんな影響を与えるのか。大事なのは、批判的精神でアニメ文化を見ることである。アニメの世界を楽しみながら、同時に真剣に考えてみよう。アニメは歴史や芸術、政治と同じくらい、日本について教えてくれる。

アニメ文化についてもっと知りたければ、*Anime: A Critical Introduction* (Film Genres) by Rayna Denison (Bloomsbury Academic, 2015) を読んでみよう。

ポップカルチャー

身のまわりのポップカルチャーを研究しよう

トーマス・ケニー

ポップ（ポピュラー）カルチャーとは何だろう？ ふつうの文化と、どう違うのか？ 一般的に、文化には「高尚」と「低俗」の両方が含まれると特徴づけられる。伝統・慣習も含まれている。日本では相撲は国技で、単なるスポーツではない――古くからの形式的な伝統に縛られており、芸術の域まで高められた「高尚な」スポーツだ。しかし、プロレスは日本で人気があるにもかかわらず、高尚とか芸術だとか言う人はいないだろう。ポップカルチャーに属しているからだ。ポップカルチャーそのものが、低俗なスポーツの定義そのものと言える――純粋に、大衆のための、庶民のための娯楽。

アメリカの例を見てみよう。アメリカを生誕地とするジャズは、生まれてもう百年になる音楽ジャンルである。ルイ・アームストロング、チャーリー・パーカー、マイルス・デイヴィスの作品は、ミュージシャンや批評家から高い敬意を払われている。そのアドリブの芸術は、大衆消費の域を超えている。ジャズは、世間一般の人が読まない詩のようなものである。一般の趣味には高尚すぎ、近づきがたいと思われているのだ。ある意味でジャズから派生したヒップホップは、平均的アメリカ人にとってはもっとわかりやすい。

例えをもう少し広げると、美術館の絵画は高尚な文化で、インスタグラムの写真はポップカルチャーだ。アーサー・ミラーの演劇は上位文化で、ジョージ・ルーカスの映画はポップカルチャーといえる。だが、古典となったファンタジー映画『オズの魔法使い』と較べると、はたしてどうだろうか。公開は一九三九年だが、時代を超えたこの物語は、何世代にもわたって子供達に魔法をかけ続けている。

ポップカルチャーは、文化一般を細かく分けたその一部であり、特に娯楽（スポーツ、映画、テレビ、音楽）の消費と発信に関わっている。ポップカルチャーは、高尚な美術よりも世間一般の人をひきつける。笑ったり、好きなチームを応援したり、歌ったり踊ったり、人生を楽しむという、自然な衝動を満たしてくれるのだ。

ポップカルチャーに加わった最新のものは、ソーシャルメディアである。ソーシャルメディアの登場前、映画や音楽はその分野のプロと、作品を作って流通させる十分な資金を持った人によって作られていた。その人たちが、大衆が消費できる娯楽を仕切っていたのである。今日、ユーチューブの動画、インスタグラムの写真、ツイッターのツイート、フェイスブックの投稿は、専門のクリエーターではなく、普通の人たちが行っている。

ポップカルチャーのコンテンツが氾濫して、高尚な文化が押し流されてしまうと言うつもりはない。これだけのポップカルチャーに囲まれていて、これだけの時間をポップカルチャーに費やしているのだから、学術研究に値《あたい》しないわけがないのである。

そのコンテンツは私たちの考え方、行動、言葉にも影響を与える。人はポップカルチャーとどのように関わるのか、行動や思考にどう影響するのか研究し、また観察の結果どういう結論が引き出せるのか、考察できるだろう。

私はある授業で、アメリカの現代ポップミュージックを教えている。学生は歌詞を調べ、アメリカ文化で話題にしてもよいと思われているのは何なのかを見つけ出す。多くのJポップとは違い、アメリカの音楽は、政治的・社会的問題に言及し、テーマは経済的格差から人種差別まで、警察の蛮行から広告やメディアのジェンダー観への影響まで、多岐にわたる。また、学生はポップミュージックを通じて、アメリカの多様な民族間での態度の違いや、都市-農村間での思想、態度、言語の差異について知る。

ポップミュージックはほんの一分野である。大衆が何を楽しみ、どのように楽しんでいるかを、注意深く観察してみよう。文化について、想像以上のことが分かるに違いない!

ユニバーサルデザイン

ユニバーサルデザインと大和心

川原《かわはら》 啓嗣《けいじ》

ユニバーサルデザイン（以下、UDと略す）とは、「年齢、性別、国籍、能力の違いなどに関わらず、できる限り最大限多くの人に利用可能であるように、あらかじめ意図して機器、建築、空間などをデザインすること」と定義されている。これは米国ノースカロライナ州立大学UD研究所長であった故ロン・メイス教授が、一九八五年頃に提唱した概念で、我が国に紹介されたのは九〇年代始め頃だが、既存の建築環境における階段や段差などの障害（バリア）をなくし、高齢者や障害者にも暮らしやすい生活環境を作ろうとする「バリアフリー」の概念を超え、UDがもはや主流となった感がある。

ただ用語としては、国際的には日本や米国が主にUDを使用しており、欧州では「デザイン・フォー・オール（すべての人のためのデザイン）」、あるいは英国および旧英連邦諸国では「インクルーシブデザイン（包括的デザイン）」と呼ぶなど、国や地域により違いが見られる。また、最近は認知科学や人間工学の分野から「ヒューマン・センタード・デザイン（人間中心デザイン）」の呼称も提唱されているが、それぞれ視点や立ち位置が異なるだけで、中核となる思想は共通している。筆者が役員を務める「一般財団法人国際ユニヴァーサルデザイン協議会」では、「一人ひとりの人間性を尊重した社会環境づくり」をUDと呼ぶと言い切っており、誇らしく未来の世代に継承できる、人間の多様性を尊重し少数が排除されることのない、持続可能な社会のしくみを作ることが重要としている。

意外に思うかもしれないが、「日本はユニバーサルデザイン先進国」というのが世界の評価だ。確かに、どこの街を歩いても、歩道には黄色の点字誘導ブロックが敷き詰められており、交差点で横断歩道を渡る際はどこも段差が無く、車イスも乳母車も楽に通行できる。地下鉄のプラットホームには可動柵（ホームドア）が設置され、視覚障害者や高齢者がホームから転落したり、走る列車に接触したりすることは少なくなったし、車両に乗り込めば、乗降口上部に行先案内や、どちら側のドアが次の駅で開閉するかなどの情報が、日本語だけでなく、英語、中国語、韓国語などで表示されるので海外からの観光客にも好評だ。

こんなに、障害者や高齢者そして外国人など、多様な人々に喜ばれる仕組みを持っている国はそう多くはない。私達はそれがあまりに身近で普通なため、言われるまで気づかないのだ。電車やバスに乗り込む際、日本人は整然と列を作り、自分の番が来るまでジッと待つ。大規模災害で救援物資を受け取る際も、同じようなマナーで対応する。恵まれない人のために順番を譲る、あるいは自分より他人を気遣う。東日本大地震でも顕著に示された、日本人の落ち着いた高貴な振る舞いは、全世界の人々に脅威と尊敬の眼差しで受け取られた。根底にあるのは、人への「思いやり」や「気遣い」、または客に対する「おもてなし」など、日本人が太古より引き継いできた「大和心《やまとごころ》」のＤＮＡなのだ。

　東京２０２０オリンピック・パラリンピックへ向け、これらの「思いやり」「気遣い」「おもてなし」がクローズアップされている。二〇一五年に五輪担当大臣に就任した遠藤利明国会議員は、その就任記者会見で「オリンピックのレガシーとしてユニバーサルデザイン社会を作る」と述べた。また、安倍首相は「競技施設はもとより、道路や駅など全ての施設をユニバーサルデザイン化することで、世界中のあらゆる方々に、オリンピック・パラリンピックを楽しんでいただき、日本は便利で暮らしやすい国だなと思っていただきたい」と公言している。

　貧困や飢餓、または資源の争奪や宗教的対立など、世界は未だ多くの悩みを抱えている。周囲の人々と軋轢を生じることなく、できる限り平和的に共生していくのが生き延びる知恵だと気づいた人々は、そろそろ村社会を飛び出し、「大和心」で大きな平和（Grand Peace）を成すべく、歩みを進める必要があるのではないかと思う今日このごろである。

キリスト教の世界

ヨーロッパ文明の二つの源流とキリスト教

林《はやし》 良児《りょうじ》

ヨーロッパを本当に理解するには、ギリシャ・ローマ文化とケルト文化の双方を理解しなければならないといわれる。それは、紀元前五世紀に頂点に達した古代ギリシャの思想や文化が、ヨーロッパ文明の源とみなされていること、また紀元前八世紀に鉄器文化を成立させ、紀元前三世紀には早くも、中央ヨーロッパに高度に洗練された文化を展開した先住民族ケルトが、もう一つのヨーロッパの源流とみなされていることを意味している。

なるほど、ヨーロッパの人々にとって古代ギリシャは、いつの時代でも憧憬の的でありつづけた。古代ローマの詩人や芸術家は古代ギリシャの文芸を模倣し、ルネサンス時代の詩人や芸術家は古代ギリシャ・ローマ文化の復興を目指し、十七世紀や十八世紀の詩人や芸術家は、古典主義の名のもとにそれらの遺産を継承していった。十八世紀ドイツの古代学者ヴィンケルマンが、「日ごとに世界に広まっていく良き趣味は、ギリシャの蒼空の下で形成され始めた」と述べたように、人々は一度も目にしたことのない古典の世界に、限りない称賛を寄せていたのである。十九世紀においても、なおその傾向が衰えることはなかった。

一方、ケルトは書き言葉によって自らの歴史を残すことなく、その文明は幻と化した。しかし、青銅の壺、黄金の仮面、豪奢な装身具、ケルトの至宝『ケルズの書』など、「宗教思想の表現」とされる作品のかずかずに象徴されるケルト芸術の世界は、人びとの想像力をかきたててやまなかった。十八世紀半ばのイギリスの詩人マクファーソンの手になるとされる『オシアンの歌』や、十九世紀初頭にスコットランド西方のケルトゆかりの島を訪れた、ユダヤ系ドイツ人作曲家メンデルスゾーンの序曲『フィンガルの洞窟』は、文明の出自を南方のギリシャではなく、アルプスから北の地に求めるロマン派の詩人たちを鼓舞した。二十世紀初頭のフランスの小説家プルーストが、無意志的記憶の回想の導入部にケルトの信仰を引用していることも、偶然ではあるまい。ヨーロッパに、古いケルトの思想がひそやかに息づいていることは確かなのである。

しかし、今日のヨーロッパの礎《いしずえ》が、この二つの文化だけに集約されるものではないことはいうまでもない。人は、囲いを設けて「これは私の土地だ」と言ったときから不平等の連鎖のなかに生きることを余儀なくされたというが、そのような生の苦悩からの解放はいかにして可能なのか。それに対する一つの答えを提示したキリスト教もまた、ヨーロッパを理解するうえで、とりわけ不可欠で重要な鍵である。

人が広義の「神」なる概念を創造したのはいつなのか、知る由もない。紀元前八世紀のギリシャの詩人ヘシオドスによれば、原初のカオスから最初に生まれたのは、大地の人格神ガイヤをはじめとする神々であるという。

さらに古い時代に遡《さかのぼ》れば、出てくる神々は数知れない。神なるものの存在を思い描きながら、人はそのときどきの喜怒哀楽を受けとめてきたのだろう。古代ローマにおいてもギリシャ神話の主要な神々は、別の名のもとに同じ権能を保持し、当時の人々の暮らしのなかに深く浸透していた。現在のイスラエル北部に位置するガリラヤのナザレの村にイエスが生まれ、自らが旧約聖書の予言している救世主であると宣言したのは、ローマ帝国がヨーロッパの覇権を手中に収めていた、そのような多様な神々が混在する時代でもあった。

選民思想を特徴とする宗教であるユダヤ教から分離したキリスト教は、迫害の歴史を経てヨーロッパ全土に広まる。やがて、ローマ帝国の滅亡からルネサンスまでの、一千年にわたる中世の時代精神となったキリスト教は、近世を経て現代にいたるまで、すべての領域におけるヨーロッパの歴史を豊かに彩《いろど》っているのである。絵画作品を通じて、そのようなヨーロッパ社会とキリスト教とのかかわりを考えてみることにしよう。

お薦めの一冊

ピエール＝マリー・ボード　佐伯晴郎監修　『キリスト教の誕生』　創元社「知の再発見双書」　一九九七年

イスラム教の世界

イスラムへの関心の広げ方

松山《まつやま》 洋平《ようへい》

「イスラムへの関心が高まっている」という人に会うことが多くなった。自分の専門分野に「関心がある」人が増えることは、喜ばしいことだと思われるだろう。

しかし筆者は、この言葉を耳にしても喜ぶことができない。この種の言葉を耳にするとき、喜びよりもむしろ、おそらくはそれと相反するものの名で呼ぶのがふさわしいであろう感情が、自分の心奥にわずかに萌《きざ》すのを看取することがある。

その理由は単純である。

そもそも、「イスラムへの関心が高まっている」という表現は、どこか他人事ではないか。「重要なテーマかもしれないが、自分は興味がない」と言っているようにも聞こえる。「私はイスラムに興味がある」と言う人はまれだ。

関心を持たれていないという事実については、何とも思わないそういう分野だと思っている。しかし、無関心な人に関心があるかのように装わせる要因が、昨今の国際「テロリズム」を原因とする――特に関心が無いにもかかわらず植え付けられてしまった――イスラム教の負のイメージに支えられていることは明らかである。これが、筆者に右記のようなナイーブな反応を引き起こさせる理由であると思う。

おそらく九割がたの日本人は、イスラムに「何の興味もない」というのが現実だろう。「宗教」と「テロリズム」の両方――くわえて「アジア・アフリカ」か?――に関心があって初めて興味を持つような、非常にマイナーな分野。そういうイメージではないか。

しかし実際、イスラムは、国際「テロリズム」の主体以上の重要性を持っている。今世紀中には、イスラム教徒はキリスト教徒の数を抜き、世界最大の宗教となり、世界人口の実に三分の一がイスラム教徒になろうとしている。そういう世界にいま私達は生きている。「世界」で活躍したいという学生が日本でも増えているが、このような巨大な宗教文化に、何の関心も持たずに大丈夫だろうかと少し心配になる。

関心が持てないことの理由は多々あるだろうが、一つは「とっかかり」がないということかもしれない。どのようにして、イスラムに関心を向けることができるだろうか。実は、様々な方向性が考えられる。

たとえばヨーロッパに興味がある人は、アラビア語からラテン語に訳され、十七世紀まで西洋医学界の教科書として重宝された『医学典範』や、一年の長さを現代の天文技術で計測される長さとわずか二秒しか違わない、三六五日六時間一〇分八秒であると十五世紀に導き出した、サマルカンドの天体観測施設などについての知識を得て、近代ヨーロッパの医学・天文学・哲学などの発展を基礎づけたアラブ・イスラム文明の歴史に、興味を広げることができるかもしれない。

アメリカに興味がある人は、合衆国建国当初からアメリカにイスラム教徒が大量に存在したという歴史的事実や、キング牧師と並ぶ黒人公民権運動の活動家マルコムXについて学ぶことで、「アメリカの中のイスラム」という視点から、合衆国の歴史や文化をとらえ直すこともできる。

あるいはモラトリアムを謳歌したい若者は、アラブ諸国に足を運び、日本では感じることができないゆったりと流れる時間を、数千年も続くその「喫茶文化」のなかで——アラブ珈琲や水煙草と一緒に——味わうこともできる。そして、異邦人や旅人を心の限りもてなそうとする「歓待の文明」に心打たれるのも、悪くないのではないか。

どのような裾野《すその》の広げかたをしたとしても、イスラムについての学びは、アメリカ的なものやヨーロッパ的なものを「異文化」と考えている若者に、本当の異文化を見せてくれるだろう。翻《ひるがえ》ってその経験は、それを学ぶもの自身が属する文化を学問的に見つめ直すきっかけとなり、人生の新たな糧になると信じている。

お薦めの一冊
大類久恵『アメリカの中のイスラーム』子どもの未来社（寺子屋新書）二〇〇六年

仏教・儒教の世界

今、世界が注目する東洋の思想と日本人

蔵田《くらた》 敏明《としあき》

人間は死んだら何処へ行くのだろうか。

この問いに対しては、今も昔も変わりなく、誰もが答えの出ない深淵にはまり込む。日本の説話集などをみると、死んだら閻魔の庁に連れて行かれて、閻魔大王から生前の行いについて裁かれ、地獄・極楽の行き先が決まるという話がある。その行き先―あの世には六つの迷界がある。地獄・餓鬼・畜生・修羅・人間・天と、仏教にはこの六道《りくどう》を流転輪廻するという考え方がある。

地獄では、恐ろしい鬼の獄卒が、三叉《みつまた》を持って亡者を串刺しにする。身体を針で刺されても、大鉈《おおなた》で斬られても、釜茹《かまゆで》にされても、その責め苦がエンドレスで繰り返される。物に執着していると餓鬼道に落ち、争いや妬みが絶えないと修羅道にいくというように、生きていた時の自分の生き方が、死後に反映される。

救われたいから寺を建てた平安貴族の善根数量主義

まるで見て来たかのように、日本人は地獄の様子に詳しい。いったい誰がこのような考えを広めたのかといえば、千年前、貴族の間で大ベストセラーとなった『往生要集』を編集、執筆した源信である。この書物で源信は、六道輪廻しない世界を極楽浄土と説く。ここは全く「苦」のない世界である。では、その極楽に行くためにはどうしたらいいのか。善根を積むしかない。そこで平安貴族たちは競って寺を建立した。だから京都には寺が多い。現在、世界遺産になっている宇治平等院は、藤原頼通が「極楽に行きたい」と願って極楽浄土を具現化して建立した寺である。平安貴族たちは極楽浄土へ行きたいから、たくさん寺を建て、たくさん写経し、たくさん仏像を刻んだ。また、仏だけでなく神にも願いを託した。

よく〝ぼくは無宗教〟などと言う日本人がいるが、それは間違いである。深かろうが浅かろうが、日本人は何でも信仰の対象にする、信心深いDNAを持っている。年末の一瞬を切り取っても、クリスマス（キリスト教）のあと、除夜の鐘を撞き煩悩を滅し（仏教）、その足で神社へ初詣に出かける（神道）。「鰯の頭も信心から」ではないが、神さまも仏さまもなんでもかでも恃《たの》みにするのである。平安朝の貴族たちがそうであったように、ともかく数多く善根を積んだ者が浄土へ行けると考えた、善根数量主義の民族なのである。もちろん激動の中世を生き抜いた求道者、法然、親鸞、日蓮、栄西、道元などの例外もいるが。

儒教にまなぶ〝仁義〟とは人を思いやるやさしい心

もとより仏教は、インドで悟りをひらいた釈迦の教えが、中国を渡って日本に伝わった外来の哲学である。同じく古代中国で孔子が説いた思想が日本に深く浸透している。それが儒教である。

「敵に塩を送る」ということばがある。

山国である甲斐（山梨県）は、塩を精製することができない。塩の流通が絶たれ、苦境に立たされていた武田信玄を助けたのが、越後の上杉謙信であった。

謙信と信玄は生涯を通じての宿敵である。相手が弱っているときを衝《つ》いて敵を倒せばいいものを、逆に謙信は塩を信玄に送ったという。「敵に塩を送る」とは、相手の弱みに付けこむのではなく、敵であっても苦境にある者を助ける、という意味をもつ。そしてこれこそが、〝仁義〟を重んじる儒教の精神というものである。

儒教を創始した孔子は、人を思いやること、人として正しいことをしなさい、と説いている。

東京オリンピック誘致のときに話題になり、世界が注目した「おもてなし」という日本の美徳も、もとは儒教に通じている。日本で当り前のことが、現代のグローバル社会ではめずらしいこととして注目されている。外国からやってきたにも関わらず日本の暮らしの中に色濃く息づいている精神文化を、今あらためて学ぶときなのである。

お薦めの一冊

中村元『往生要集を読む』講談社学術文庫　二〇一三年

比較宗教論

世界の宗教、宗教の世界

トレバー・アストリー

宗教の世界に入ると、存在の意味の世界、精神の世界に入ることとなる。真理を求めて大宇宙の在り方、人間、生命そのものの起源と宿命を探る不可思議な世界に入ることともなる。この目では見えない、合理的に説明できないことに対して、あらゆる信仰をもってこの世の中で生きる勇気をもたらす。宗教は個人の観点から見ても、ある宗教的体制による信仰をとおして、人の倫理、道徳、行動が定められる一方、国家や組織の観点から見ても、宗教は国とその国民を左右する力までもそなえている。

今の世の中に活躍しようと思うと、世界情勢を知ることは不可欠である。世界の経済や融資機関の働き方や、政治と国際関係、そして国際外交のあり方を把握することはもちろん、移民の時代なので、人の交流すなわち文化の交流を理解することも大事である。そこで、人間の文化は人の考え方や思想の象徴でもあり、文化の一環である宗教を知ることは大事である。

近年の日本では、海外からの観光客が増加し、少子化につれて外国人労働者を受け入れる傾向もある。ホテル業界や飲食店などでは、外国人のお客さんの習慣に対応する動きがみえる。例えば、イスラム教徒ならハラル食品を用意しないといけないことや、ヒンドゥー教徒なら菜食主義は基本であること。

歴史の重大な局面を決定する国家や文化の衝突は、しばしば人の思想、宗教の対立から始まる紛争によるものである。特に、中近東の国々における紛争を理解するには、その地域の数千年の歴史的背景、そしてエブラヒム系の一神論に基づくユダヤ教、キリスト教、イスラム教を理解しないといけない。

例えば、東日本大震災の翌年の二〇一二年、資源エネルギー庁によると、日本のエネルギー供給の四十四・三%は石油、その八割は、紛争が続く中近東から輸入される。その紛争を理解するには、その地域の歴史的背景、宗教のあり方を知ることが前提となる。

「神様」を唯一の全能の神とする一神論は、ヨーロッパ、南北アメリカ大陸、中近東をはじめとする国々の思想や文化を支配しているが、数多くの「神様」が存在するとされる多神論を信仰する地域もたくさんある。「神様」の性質は、一神論でも多神論でも、個人の人間、社会、国家を理解するために欠かせない要素である。

世俗化が進んでいる世の中、政教分離を保証する国もあるが、宗教が政治と混じっている国も数多くある。日本の場合、天皇制度を支えていた国家神道は敗戦後に廃止され、新しい憲法によって政教分離が制定される。他の自由民主主義の国々と同様、日本国憲法は、言論の自由、思想や信教の自由、集会、結社の自由を保証する。さらに、このような基本的な自由をもとにして、信条に対して差別することも許されない。

憲法による政教分離は、日本の首相などが靖国神社の参拝で、戦争犯罪人を含む戦没者を追悼することに対して、国内外から厳しい批判を受けることがある。特に、中国や朝鮮半島からの批判は、戦前のそれらの国に対する帝国主義の活動を支えていた国家神道と、天皇制度の役割に対するものである。

日本国憲法によって、国家が宗教的活動に関与することができなくなった結果、日本の学校のカリキュラムは宗教を取り除くことになった。日本では、キリスト教の学校や学園は数少なくない。だが、公立のキリスト教の学校はない。他の先進国でも、宗教団体が運営する公立の学校はある。例えば、イギリスではカトリック派の公立学校もある、プロテスタント派の公立学校もある、イスラム教の公立学校もある、ユダヤ教の公立学校などもある。

宗教の観点から自分を一人の人間として理解することも大事であるが、宗教を通して日本の歴史、文化や伝統を理解することも大事である。仏教と神道の性質とその関係、そして「ホトケ」と「カミ」の観念を探ることも然り。グローバル人材を目指し、世界の宗教、そして宗教の世界を知るべきである。

芸術と表現　文化と歴史
宗教と社会　言語と翻訳

日本の現代史

歴史を見る眼

奥田《おくだ》 隆男《たかお》

カルチュラルスタディーズの源流の一つともいわれるリチャード・ホガートの『読み書きの効用』（一九五七年）に、一九五〇年代当時のイングランド労働者階級の歴史感覚のなさについて触れた一節がある。「今に生きる、今のために生きることが大事だという感覚」（今さえよければいいということか）あるいは「楽しく過ごせればいいじゃない」という価値観が蔓延していて、それが自分さえ満足できればいいという感覚と結びついており、そしてそのことが、過去と未来に対してリアルに向き合わない態度を生み出してもいるのだという。今しか問題にしない生き方をしていると、歴史というのは霧のはるか彼方、見えるか見えないかもわからない世界の事柄になってしまうというのだ。（香内三郎訳、『読み書きの効用』晶文社、一五五―一五九頁）

イングランドの、当時の労働者階級の歴史感覚に関する理解として、これが正しいかどうかは別として、歴史を考えるうえでこの議論は興味深い。たしかに、今さえよければいいと私たちが言うときの「今」は、歴史感覚につながるような重みをもった「今」ではないだろう。ただただ流れ過ぎてゆくだけの時間の一点としての今、それはあっという間に過ぎ去り、振り返ったらどの時点のことだったかもわからなくなる。次の今がもう来ていて、それもまた行き過ぎていく。しかし今、自分が立っている地盤がどのようなものか知るため足元を掘り下げていくと、次々と古い層が出て来て、それぞれが今の時代につながっていることを認識せざるを得なくなる、そんな「今」とは大違いだ。

そうすると、歴史を見る眼を持てるかどうかは、実は今を見る眼を持てるかどうかと関わっているのかもしれない。今をそれこそ大事にしていない人、あるいは今に対して緊張感をもって接していない人は、歴史をきちんと考えることもできないのではないだろうか。

ただし、先ほど歴史を地層になぞらえたが、それだけで歴史はわかったことになるのだろうか。例えば、「日本の現代史」といったとき、誰もが考えるように、その時の歴史は単なる地層の話ではない。言い換えると、単なる年代記ではない。年表を見ていくだけの眼は、歴史を見る眼ではない。だが、この明治維新はどうして起こったのか、そもそも明治維新と私たちが呼んでいる事柄の中身は何なのか、明治維新と現代はどうつながっているのか、そんな問題一つ一つに、歴史家と呼ばれる人たちは昔から様々な議論を積み重ねてきた。ということは、歴史を見る眼は単一ではないということになる。過去を単なる過ぎ去ったものとしてだけ見るのではなく、今との関係の中で考えようとする人々、つまり歴史として過去を見ようとする人々の数だけ、歴史もあることになる。誰が歴史を語っているのか、私はどの地盤の上に立って歴史を眺めているのか、常に、そうしたことを意識していなければならないのではないか。

もう一つ、歴史は単なる地層ではないというときに、考えておかなければならないことがある。つまり、それは歴史とは人間が織りなしてきたものだということである。歴史という織物を見るためには、その織物の一つ一つの織り目にすべて人の手が加わっている。というより、人間という糸から歴史という織物は織り上げられているのだ、といった方がいいかもしれない。単なる時間的な過去ではなく、そこに確実に、今生きている私たちと同じように人が生きていたのだという感覚を、それも歴史に名を残した人々よりも、むしろ名も残さずにそれぞれの時代を生き、そして死んでいった無数の人々がいた、そうした人々がいなければ今の私たちもないのだという感覚を持つこと、それこそが、歴史を見る眼を持つためには必要なことかもしれない。

とすれば、「今」への姿勢についても同じことが言える。今に対して緊張感をもって接するということは、今がやはり自分と同じ無名の無数の人から成り立っている、「人間」がそこにいる、という感覚を持つということと同じかもしれない。やはり、歴史を見る眼を持つためには、今を見る眼を持たねばならないようである。

お薦めの一冊

岸政彦『街の人生』勁草書房　二〇一四年

異文化接触

異文化に対する力

室《むろ》 淳子《じゅんこ》

海外に関心のある学生であれば、異文化という言葉は魅力的に響くかもしれない。グローバル化の流れのなかで、異文化理解や異文化コミュニケーションの必要性は叫ばれつづけている。

そもそも異文化とはなんだろうか。とりわけ人や物の動きが盛んな現代において、「異なる」文化と「異ならない」文化は、なにをもって区分されるのだろうか。人類は古来よりさまざまな交流をとおして文化を築いてきたが、文化がさまざまに混じり合い、常に変化しているものであるとすれば、文化を単純にひとつのものとして固定的にとらえることは難しい。それゆえに、ある文化に対して「異文化」であると定義するのは単純に過ぎるかもしれない。

例えば、わたしたちに身近な日本の文化について考えてみても、中国や朝鮮はいうまでもなく、南方からも北方からも、欧米からも大きな影響を受けている。あるいは、同じ日本の文化を共有しているとしても、おそらくは世代によって、地域によって、性別やエスニシティ、ハンディキャップの有無や暮らしぶりによって、文化のとらえ方は違うかもしれない。ひとつのコミュニティが形成する文化の内部にも、幾多の「異文化」が共存しうるのだ。

西洋の歴史において、異文化接触を象徴的に示すのは、クリストファー・コロンブスが新大陸を「発見」する一四九二年である。西洋はそれ以降、世界各地に勢力を伸ばし、アジア、アフリカ、カリブ、南北アメリカ、オセアニアと、「未知」の大陸の資源と労働力を資本に、近代化を進めていく。

「異なるもの」をつくりだした西洋の近代

西洋の近代化は、いわば西洋を「正統なもの」ととらえ、非西洋を「異なるもの」ととらえる形で推し進められた。「異なるもの」は、一方では人びとの想像力をかきたて、芸術やファッション、食における変革をもたらした。その一方で「異なるもの」は、西洋に対する脅威ともとらえられ、非西洋の信仰や慣習や言語は「野蛮」であり、西洋によって「教化」されるべき存在と位置づけられた。

西洋による帝国主義・植民地主義は、基本的にはこの構図を元に展開された。二つの大戦を経て、植民地が次々と独立し、文化の多様性を認める時代に入って、ようやく「異なるもの」の側からの声が聞かれるようになった。それにもかかわらず、アンバランスな権力構造と「異なるもの」に対する不理解や不寛容は根深く残されており、それらは暴動やテロ、不適切な政策や差別発言として表面化し、世界各地のメディアをにぎわせつづけている。

かつて私が大学院生であった頃に、人類学の先生が面白いことを話していたのを覚えている。人類学を学んだ学生は、社会に出てから強いというのである。いわく、会社に勤めようが家庭に入ろうが、「異文化」に接する機会は多い。理不尽に思えるかもしれない社会のルールも、見知らぬ土地の慣習にも、とまどうばかりであるかもしれないが、「異文化」に対する免疫があれば、そこでポキッと折れてしまうことはない。一見無関係に思えるような学びが、実は力になるのだと。

私は、外国の言語や文化を学ぶ自分の学生たちにも、「異文化」に対する力を養ってもらいたいと考えている。

留学もよし、海外旅行もよし、ボランティアもよし、私の専門からつけ加えるならば、海外の映画や小説にもたくさん触れてほしいと思う。とりわけ現代の、私たちと同時代を生きる多様な地域を出身とする脚本家や作家たちの作品に、数多く触れてほしいと思う。

「異文化」を学ぶことは、他者理解や国際理解の一助になることはもちろん、社会の移り変わりや人生の多様な局面において、自分自身の力となって戻ってくるものでもある。

お薦めの一冊

本橋哲也　『ポストコロニアリズム』　岩波新書　二〇〇五年

学　際

人間発達と教育

環境・生命・数の世界

メディアとコミュニケーション

グローバル共生

人間発達と行動心理

佐藤《さとう》 雄大《たけひろ》

未だに分からない「心」

ついつい他人の行動が気になってしまうことはないだろうか。例えば、目の前の話し相手が頻繁に髪の毛を触っていると「これには何か意味がある？　私の話がつまらない？」と思った経験があるかもしれない。このように、人の仕草からその人の気持ちを推測することはままあることだが、単純に言うと「行動心理学」とは、こうした表面に現れる人間の行動と、その内奥にある心理の関係性をデータ的に裏付ける学問である。

コミュニケーション学の世界でも「ノンバーバル・コミュニケーション」といって、言語外の仕草などとその意味との関係が研究されているが、それはその結論じたいが問題となることが多い。行動と心理の関係の研究は、この「行動心理学」が中心で、よくテレビ番組やネットなどで「○○の行動は△△の意味がある」と言及されているのは、こうした研究の成果を利用したものだろう。しかし、「ある行動」を見て相手の心理が分かるようならそんな便利な話はないが、怖くもある。同様に「本当にある行動にどんな人間にも当てはまる心理が隠されていると言えるのか？」という普遍性に疑問を投げかけられることもある。これらはいずれも、行動心理の学問性への疑義といえよう。

これら行動心理学への印象を考えてみるために、いったん「心理学」に限定して考えてみることにしたい。「心理学とは何か」と問われれば、「心の科学」という回答が可能であろう。psychologyが、ギリシャ語の「プシュケー」（心）＋「ロゴス」（学問）から成り立っているところからも、そういう説明が可能である。しかし、さらに「心」とは何かと問うと、実は明確な答えを出すことは難しい。心理学の祖先にあたる哲学でさえ、プラトン、アリストテレスのギリシャ哲学以来、二千数百年にわたって「心」が主要なテーマの一つとして研究されてきているが、未だに決まった答えが見つかっていない状態である。

多様性のなかの類似性

つまりそれほど長く研究されていても、未だに分からないのが「心」ということになる。そのすっきり解明されていない「心」を研究しているのが「心理学」なので、この学問領域でやっているのは、人間に関していろいろなデータを集め、それらのデータに基づき「心とはこういうものではないか」と提案をしている学問だと言い換えられるのかもしれない。

行動心理学は、その中でも行動に焦点を当て、心の概念の提案をしている学問といえる。それでは、先にあげた学問性についてどのような答えが可能なのか。

心が実物として体内にあるなら、解剖して取り出せばすむ話である。しかし、心は「もの」ではない。持ち運びも、交換もできない。そして人が成長するのに伴って、数限りない影響を受けながら心は形成されていく、という考え方に多くの人が同意している。つまり、心を対象にするということは、その人の「発達」を視野に入れなければならないということである。

人の生き方が心理に関係するなら「個人差」が出てくるのではないか、と言われれば、「出てくる」と言わざるを得ないだろう。ここが自然科学と人間科学の学問性の違いで、人間を対象とした時、「一寸の狂いもない同一性」などあり得ず、そんなことは求められていない。

それではどのように学問性を担保するかというと、「行動と心理の関係にはおおよそこういう傾向がある」という類型化を行うということである。そこには個人差があるが、いっぽう類似性が見つけられれば、それは大きな成果でもある。つまり人間心理は、人の顔と同じように個人差はあれ、類似性を持っている（「顔認証」技術しかり）。そうした行動と心理の関係を探求しているのが、行動心理学ということになる。「多様性の中の類似性」、何か人間社会では、いろいろなところで見いだせそうな話でもある。

メンタルヘルス

「ストレス」を理解すること

伊藤《いとう》史《ふみ》

「ストレス」とは何か

ふだんの生活の中で人は「ストレス」という言葉をよく使うし、聞き慣れている言葉である。しかし、人から「ストレスとは何か」と改めて聞かれると、「漠然としていて、よく分からない」と感じる人が多いのではないだろうか。

スクールカウンセラーとして学校という場で活動していると、不登校という問題と関わることがある。児童生徒は、学校生活や家庭生活のなかで様々なストレスを抱えていて、なかには胃の痛みや、抑うつ感などを訴える児童生徒がいる。このようなストレスが不登校の一因として挙がってくる。大学生活を送る学生も、企業などで働く会社員も同様である。ストレスは、「こころ」と「身体」の病気を生じさせる原因であり、「こころ」と「身体」の病気を防ぐために、その原因であるストレスを理解しておくことが大切である。なぜなら、原因を理解していれば自分の状態を知ることができるし、その対処法も考えることができるからである。

それでは、「ストレス」とは何か。「ストレス」という言葉はもともと、工学、物理学用語であり、物体に力が加わった時に生じる「ひずみ」のことを意味する言葉であった。この概念を、生理学者のハンス・セリエ博士が医学の世界に応用したのである。そして、現在「ストレス」とは、不快な刺激によって生じる反応のうち、刺激の種類に関係なく生じる心身の反応、と定義されている。この定義によると、「ストレス」は不快な刺激が心身に加えられたときに生じる心身の反応を指し、具体的には血圧の上昇や胃痛、抑うつ感などのことをいう。我々はふだん、不快な刺激のことを「ストレス」と呼ぶ傾向にあるが、正確にはそうではない。

この心身に負荷をかける不快な刺激のことを「ストレッサー」という。「ストレッサー」には、学校や職場、近隣の付き合いなどにおける人間関係の葛藤、学業や仕事の負荷、睡眠不足、ケガ、熱さ寒さ・騒音といった環境条件などが挙げられる。「ストレッサー」の具体例をみて感じられるように、「ストレッサー」は人が生きていく上で、必然的に起こる出来事や状態のことであり、誰もが必ず感じざるを得ない刺激といえるだろう。

「良いストレス」と「悪いストレス」がある

人が生きていくうえで、ストレスは当然のように存在する。しかし、必要以上に恐れたりする必要はない。なぜなら、人は常にある程度のストレスが存在していなければ、正常に生きることはできないからである。また、ストレスには、人にとって「良いストレス」と「悪いストレス」が存在するからである。では、この「良い」と「悪い」には、具体的にどのような違いがあるのだろうか。まず、「良いストレス」とは、目標や価値、よい人間関係など、向上心を奮い立たせてくれたり、励みとなったり、成長の原動力となるような適度な刺激となるものである。こうした「良いストレス」が少ないと、人生は豊かにならない。一方、「悪いストレス」とは、同じ刺激であっても、適度な刺激ではなく、自分の許容範囲量を超えてしまうほど過度な刺激のことである。こうした「悪いストレス」を貯め込んでしまうことで、人の「こころ」や「身体」が病気になってしまうのである。「悪いストレス」には、上手に対処していかなければならない。

「良いストレス」は歓迎すべきものであり、心理学はその助けになると信じている。ポジティブ心理学は、個人や社会を繁栄させるような強みや長所に注目し、健康な人々のより良い人生を支援する心理学である。今回お薦めの一冊として、ハーバード大学で行われたこのポジティブ心理学についての講義や、公開ワークショップの内容をまとめた『ハーバードの人生を変える授業』という本をあげる。「人生を変える」という五十二のテーマについてワーク形式で進めていく形式になっている。自らに合うワーク選び、気に入ったものを実践していただけることを願っている。

お薦めの一冊

タル・ベン・シャハー（アマゾンなど）『ハーバードの人生を変える授業』大和書房　二〇一〇年

ヒューマンケア論

人は一人では生きられない

福田《ふくだ》　眞人《まひと》

なぜヒューマンケアが必要か

人の生老病死は、運命である。

生まれて一人で生きられる者はない。同じように、一人で死ぬことも困難である。人は、人と生きる。人という漢字そのものが、人と人が互いに寄りかかっている象形を担っているのである。

人は誕生してから死ぬまで、さまざまな過程を経る。男女の結婚あるいは同棲から、妊娠し、誕生を迎え、育児がある。子供の教育も深刻な問題だ。さらに人は社会で働き、稼ぎ、生活を送る。そしていずれは歳をとり、青年から中年になり、老年を迎える。

その過程で、自分がそうであれそうでないにせよ、誰かが誰かの世話をしなければならない。ただ単に世話をする、ケアをすればいいというものではない。ケアにも経験に基づく知識の体系と理論がある。それを体系的に学ぶことが、何よりも大切だ。

人の人生のサイクルとケアのシステムの始まり

人は、人と結ばれる。結婚である。結婚で子供が生まれる。もちろん婚外出産もある。しかし、たいがい、結婚ないしそれに似た形式をとる。妊娠がわかると、人は慌てる。何世代にもわたって結婚、妊娠、出産が繰り返されてきたのに、なぜ人は慌てふためくのか。それは、出産が重労働であり、時に危険な挑戦だからである。それを安全に出産し、育児につなげるために、丁重なケアが必要で、それは産婦人科学や小児科学だけでは終わらない。妊婦の教育、社会の制度の整備、出産後の様々なケアの積み重ねが、健康で丈夫な子供を育てる。子供は社会の財産であり、次世代の担い手である。

育児。健康な子供が生まれると、次に親は、欲目からか子供の将来に期待を示す。教育。しかし、育児はこれまた難しい。子供に身体的障害や精神的障害があれば、親はその面倒を見るために、生きていく道を示すために、努力せねばならない。

障害とその社会的位置

障害は完全には防げない。遺伝子操作でも、完全には防げないだろう。障害があっても、普通の人間の権利を持って生まれてくるのである。色々な障害に対応した社会設備の設置や、教育の方策を準備する必要がある。身体障害、視覚障害、聴覚障害、知的障害と、どの障害にも同じ方法が適用できるものではない。しかし、いずれも保護、養護の範囲を超えて、社会生活をできる限り通常に行えるような準備も必要である。一般社会生活を送れない場合の対策も、社会が責任を持って行う必要がある。養護施設、保護施設、診療所、病院、さらに訓練施設などの整備が求められるところである。

老い、介護の在り方

老いは、必ず誰にも来る。健康に老い、静かに死を迎えることもある。しかし、身体的不具合、精神的問題を抱えるにいたることも少なくない。認知症（痴呆症）が増えている。それは知能の低下を意味するが、時に記憶などの認知障害の他に、人格変化をきたす場合もある。予防の様々な試みもなされているが、家族だけの対処ではうまくいかない場合もある。病院、介護施設が大きな役割を果たす場合もある。

家族が面倒を見るのが、第一であろう。介護されるご本人の希望、性質、性癖を知悉《ちしつ》しているからである。しかしそれが叶《かな》わないこともある。あまりに重症である場合もあれば、介護、養護する家族自身が、すでに別の問題を抱えている場合もある。よくあるのは、いわゆる「老老介護」であろう。面倒を見る人がない場合、地域、自治体、公共団体が代わって手を差し伸べる必要がある。

そうした介護・養護の制度を考え、組織し、実施する手立てを考えるのも、重要なケア論であろう。ケアされる人、ケアする人、ケアする制度を設計し、それを運営する母体が必要である。

こうしたこと全てを理解し、設計し、実施・実行する人を育てる科目、それこそが「ヒューマンケア論」であろう。

暴力といじめ

「人間であること」から考える

竹内《たけうち》　慶至《のりゆき》

暴力連続体

暴力と聞いて何を想像するだろうか。家庭内暴力や児童虐待、高齢者虐待、あるいは、テロや内戦、戦争などを想起するかもしれない。このように挙げてみると、暴力というのは、家族のような私的な空間から、公共的な空間にまで現われるものであり、様々な暴力は連続して存在していることがわかる。暴力の行使は、普通の日常生活では許されていない。なぜか。暴力というのは他者の自由を奪うことであり、人間の尊厳を傷つけることだからである。

通常、私たちには暴力の行使は許されていない。だが、（暴力をふるわれた時の自己防衛を除いて）私たちの社会において例外的な場合がいくつかある。ひとつは警察による暴力の行使。もうひとつは、軍隊による暴力の行使である（さらに、犯罪に対する刑罰の執行を加えてもよい）。なぜ、警察や軍隊には暴力を行使することが許されているのか。それは、警察や軍隊を組織している「国家」だけが、私たちの社会において正統（「正当」ではない）に暴力を所有し行使できる、というふうに私たちが認めている、というフィクションを私たちの社会が採用しているからである。このことを、国家による「暴力の独占」という。

いじめと学校

次に、暴力といじめの関係について考えてみたい。簡単に言ってしまえば、いじめは暴力が発動する様々な形態のうちのひとつ、ということができるだろう。いじめという言葉は多くの場合、ある集団内における暴力の行使に用いられる。今のように、「ハラスメント」や「家庭内暴力」のような言葉が使われていなかった時代には、姑による嫁いじめや、上司による部下に対するいじめのようにも使われていた。

いじめというと、最近の現象のように思う人もいるかもしれないが、恐らく人間が集団で生活し始めてから、ずっと続いているものではないだろうか。私たちの社会では、いじめというと「学校」のことがすぐにイメージされる。しかし実際、いじめは学校だけでなく、職場やサークル、地域など、私たちの社会のいたるところで見出すことができる。だが、いじめは現代の日本社会において、特に学校教育の文脈で社会問題化したがゆえに、学校といじめは一緒に語られ、「いじめ自殺」のような形でたびたび報道される。

ただし、学校教育の文脈で社会問題化したというのも、何か理由があるのではないか、と考えることができる。その理由は、学校ではいじめが生じやすいということである。学校でいじめが起きるメカニズムについてここで論じることはできないので、他に譲るが（例えば、内藤朝雄『いじめの社会理論』柏書房が参考になる）、一点だけ指摘しておくならば、学校（あるいは学級）という制度は、いじめが発生しやすい土壌を提供しているということである。なぜ学校ではいじめが生じやすいのか。それは、そこから逃げ出すことが困難だからである。

「暴力」という人間的なふるまい

「暴力といじめ」というテーマは、個々の人間関係や家族から学校、職場などの中間集団や組織、そして国家や社会、あるいは国際社会にまで至る、あらゆる関係性を貫く研究領域である。逆に言えば、「暴力といじめ」は、社会の隅々にまで浸透しているということだ。暴力やいじめというと「反人間的」であると思う人もいるかもしれないが、事態は逆だ。暴力やいじめは、きわめて人間的なふるまいである。それゆえ「暴力といじめ」というテーマの考察は、「そのようなことはあってはならない」という思考停止状態からではなく、「人間だからありうる」という前提からスタートする必要がある（このような前提を置いたからと言って「暴力やいじめ」を肯定しているわけではない）。そのような前提から考えると、今度は、人間はどうやって暴力と向き合い、どのようにコントロールしようとしてきたのか、という歴史的な考察が始まるのである。

生涯学習

「試験のために学ぶ」から「知りたいから学び続ける」へ

大橋《おおはし》 保明《やすあき》

「生涯学習」は、一般に「人が生涯にわたり学習すること」と、字義どおり理解されることが多い。情報社会やグローバル化の進展、人工知能（ＡＩ）の台頭などにより予測困難な時代が到来し、その社会の激しい変化に対応するために必要な知識や技術を学び続けることは、大切なことである。しかし、それが「生涯学習」の本質であるかといえばそう単純ではない。

「生涯学習」の概念および用語は、一九六五年にユネスコの成人教育国際会議でＰ・ラングランが提唱した「生涯教育」の概念を、学習者の視点から捉え直し、学習者の自発的自律的な学習活動という緩やかな考え方として、我が国では一九八〇年代後半から使われるようになった。ライフコース（人生）における学習の営みは、近代の学校教育に象徴される「特別な時に・特別な場所で・特別な人が・特別な形で・特別なことを学ぶ」ということではなく、「いつでも・どこでも・

だれでも・どんな形態でも・どんなことでも自由に学ぶ」ことであるといえる。そこでは、学びたいことや学ぶ価値のあることを自ら考えること、すなわち自己決定学習（self-directed learning）が決定的に重要となる。

自己決定学習を前提とする「生涯学習」は、教科書に規定され、点数や偏差値で相対的に評価される学びとは異なり、自らで学ぶ内容や学び方を決める、点数によって評価されない学びであり、評価者は先生ではなく自分自身である。また、学校の試験では隣の人と相談したら不正行為として罰せられるが、「生涯学習」では、年齢・性別・障害・社会階級・言語・宗教・民族等の区別なく、あらゆる人々と積極的につながり、協力しながらお互いを高めていく。

知りたいから学び続ける

山間の公民館が企画した「そば打ち講座」に一年間通ったことがある。参加者はみな人生の大先輩であったが、講座では社会的な肩書きを脱ぎ捨て、みなが対等な学習者として共に学び合える、居心地の良い空間であった。

講座の最終日、筆者が打ったそばを食した後、「一人前になるにはあと十年。でも美味しかったよ、一年間ありがとう」と涙を流しながらかけてくれた大先輩の言葉は、今でも忘れられない。必修科目だから学ぶ、試験のために学ぶということから、好きだから学ぶ、知りたいから学び続けるということへ学びのスタイルを転換させたとき、はじめて学びの本当の喜びや、楽しさが感じられるのかもしれない。

最後に「お薦めの一冊」だが、これが悩ましい。生涯学習に関する参考書の類は数多あるが、手に取りやすく読みやすい本となると、思い浮かぶものがない。

山田洋次監督の映画『学校』（松竹株式会社、一九九三）をご存じだろうか。東京下町の夜間中学校における、黒井先生とさまざまな事情を抱えた生徒たちとの、交流を描いた作品である。この作品により夜間中学校が認知され、それぞれに合った学びの場や、学びのあり方が社会的に議論されるようになった。

「幸福ってどういうことなんだろう？」、同級生で競馬好きのイノさんの突然の訃報に接した折、生徒のえり子が授業で発した言葉である。授業の最後に、えり子が「だから、それ（幸福）を分かるために勉強するんじゃないの？　それが勉強じゃないの？」と発言し、黒井先生が「授業っていうのはクラス全員が汗かいて、みんなで一生懸命になって作るものなんだ。それがよく分かった。どうもありがとう」と頭を下げて授業が終わる。

自分にとって幸福とは何かを知るために勉強する、というえり子の言葉、つながりの中で学ぶことができた喜びを表現した黒井先生の言葉は、どちらも生涯学習の本質をついているように思える。

比較人間文化

世界を逆さまに見る

ダグラス・ウィルカーソン

日本列島の自然美は有名だ。千年以上も前から、詩歌に詠《よ》まれて称えられる驚異的な美しさ。この地のバラエティーに富む風景は、名高い日本三景に凝縮されている。ほとんどの日本人は、これらの景勝地をよく知っており、おそらく学校遠足や家族旅行でひとつやふたつ訪れたことがあるだろう。この三大スポットでの中で、観光客が最も少なく、多くの日本人にとって最もなじみが薄いのは、京都府宮津港の天橋立《あまのはしだて》ではなかろうか。どのスポットでも、お勧めの旅程は比較的少なく、大多数の観光客は同じ旅程に従って、同じ地点から同じ眺めを見て、同じ話を聞き、同じ詩歌を思い起こす。しかしひとつの重要な点で、宮津湾の砂州は日本三景の中でもユニークである。近くの丘にのぼり、前かがみになって股《また》の間から後ろ向きに景色を眺めるようにと、観光客は勧められる。晴れた日にこの奇妙な格好で眺めると、松に覆われた細長い砂地が湾の水面に映る雲の中で、空に浮かんでいるように思える。まさに天と地の架け橋を形作っているのだ。

宮津湾のこうした景色の眺め方は、おそらくは比較的最近になってからの思いつきであるが、股の間から後ろ向きに見るという行為は、日本では長く重要な歴史を持つ。現在ではほとんどの人が、こんなのは目の錯覚を作り出すだけで、子供や遊び好きの大人がする戯れにすぎず、それ以上のものではないと考えるだろう。しかし、時代を遡《さかのぼ》ると、この見方は日本で重要な機能を持つと信じられていた。見られている対象の（たいていは隠された）本性を見せると考えられていたのである。妖怪や、魅惑的な女性の幻影に出会ったとき、この方法で見ることによって、その本当の姿――鬼、幽霊、神、生霊――が見えるのだ。こうした幻の本性を知ってのみ、本能的な恐怖や魅力に打ち克って、差し迫った危険から逃れることができるというわけだ。

何世紀にもわたって、日本では鏡が貴重なものとされてきた。有力者の墳墓から、多くの青銅製の鏡が発掘されている。鏡は日本の三種の神器のひとつであり、神社ではご神体となっている。これらの鏡の多くは、日本でまだ金属がほとんど使われず、青銅でさえ非常に貴重であった時代に、中国から来たものである。多くの鏡の裏面は神や鬼、動物などのモチーフで高度に装飾されており、大陸の強力な支配者からの贈答品であった。青銅が貴重なものとされた理由はいくつもあるだろうが、鏡が珍重されたのは何より、「白雪姫」のような西洋のおとぎ話の鏡と同様に、鏡が真の姿を、肉眼では見えない姿を映し出すと考えられていたことを忘れてはならない。

多くの人が同じ文化を共有していれば、協力し合ったり、様々な考えや感情を伝えたりするのが容易となるだろう。共有する文化があれば、何を意図しているのか、なぜこれこれのことをするのか、なぜこれこれのやり方でするのか、説明する必要がなくなる。文化の共有は、私たちみんなの生活を楽にしてくれる。みんな同じ物の見方をするのだから。しかし、これは画一的文化の持つ危険性でもある――周りの人と同じように物を見て考え、同じ幻に不必要な恐怖を抱くことになる。他の見方や考え方ができない。文化が私たちの言葉や行動を覆っている外壁を突き破って見ることはできないのだ。自分たちの行動や言葉の、本当の姿や形が見えなくなってしまう。

比較人間文化の研究は、股の間から天橋立の景色を楽しむのに似ている。今までほとんど誰もしたことがないような、新しい違った方法で物事を見ることが奨励される。しかしまた、これは単なる子供の遊びや一時的な慰みではない。異なった文化を研究、比較することによって、生まれて初めて、物の本質を見ることが可能となるのである。

私たちの文化、そして他の文化を支配し、形成していながら、ふだんは巧妙に隠されている権力、影響力、価値体系を理解できるようになるのだ。なぜ別の文化はこんなに異なった風に物事を見たり理解したりするのか？　なぜ様々な文化が、これだけバラエティーに富んだ世界理解の方法を持つに至ったのか？　他の文化の価値体系とはどのようなものか？　なぜ文化ごとの価値体系がこんなに違うのか？　この講座で考え、答えようとするのはこういった問題である。

お薦めの一冊
鈴木孝夫『ことばと文化』岩波新書　一九七三年

数と形の世界

数学的思考とイノベーション

宮田《みやた》 隆司《たかし》

数学を学ぶのは何のため？　一般向けの数学関係の本の冒頭にはたいていこの命題が掲げられている。そこでは、単なる計算能力や数学の知識の習得ではなく、意志決定における数学的思考法の必要性を説いたり、物事の道筋を把握する際の課題発現の源であり、問題を分析、総合化して論理的に把握する能力、すなわち数学的思考法の修得が重要であると説かれていることが多い。

では、この数学的思考法とはどんなものか？　その元は紀元前三〇〇年頃のギリシャで体系化されたユークリッド（幾何学）原論にあるとされる。定義から入り、自明と認められる公理（公準）[*1]を出発点として、定理、証明と続く形式論理学の構成は、近代数学の基礎となったばかりでなく、近代科学の礎ともなった。原論はユークリッド一人の成果ではなく、タレス、ピタゴラス、ヒポクラテス、エウドクソスといった古代ギリシャの数学者、哲学者の業績をまとめたものと言われ、

ヨーロッパでは古来、聖書に次ぐベストセラーであったといわれる。(1)

知識、経験を科学（Science）へと昇華させた古代ギリシャ人は、科学を実証性ある知識や理論として定義付けるばかりでなく、〈理を基にした思考〉として完成させた。知識は結果が主体となりがちであるが、思考はプロセスを重視する。さらにアリストテレス（前三八四〜三二二）は科学を基にした実用知（知識ではない）の実行者をフロニーモス（Phronimos）と呼び、明確な目的、価値、意志を有するフロニーモスが時代の変化、変革すなわちイノベーション[*2]、パラダイムシフト（既存の概念、枠組みの飛躍的変革）を起こすイノベーターとなり得るとした。(3)

現在、世界はパラダイムシフトが必要な変革期にあって、社会のあらゆる分野でイノベーションが必要とされる。二五〇〇年も前に古代ギリシャ人は、イノベーションは科学から、すなわち自由な思考から生まれるとしていたわけである。思考（科学）する人々の共同体は、必然的に民主制へとつながることになる。

科学（Science）は成果を挙げると、容易に知識やスキル、伝統に置き換えられてしまい、社会は停滞から衰退へと向かう。科学や民主制をもたらした思考の継続、そのためのフロニーモスの育成を訴え続けたのが、ソクラテス（前四六九〜三九九）であるといわれる。現代でもそれは変わらない。イノベーションは一握りの天才がなし得るのではなく、〈思考する〉普通の人々によって達成されるのである。

また、民主制と科学（思考）とは一体のものであり、人々が思考することを止めたとき、民主主義の危機が訪れる。思考を停止した人々は、物事を単純化して断定的に論ずる、強い指導者を望む。これがポピュリズムを生み、国家主義、全体主義へとつながっていくことになる。日本を含め、知の先達である欧米諸国にこの兆候がみられることに危惧の念を覚える。

大学教員生活四十五年余り、解のある数学ばかりを学んできた、質問をしない若者を見るにつけ、思考することの大切さを訴えたいところである。

推薦したい書は文献（3）であるが、大部でやや難しい。気楽に読むには、日本文化を数学的思考という視点から切った、文献（2）が良いかもしれない。

＊1　その後の非ユークリッド幾何学の展開に伴い、公理（特に五番目の公理、平行線の公理）は自明のことというよりは、仮説というべきであるという主張がある（2）。

＊2　製品、制度、市場、材料、…の革新、新結合としておく。〝技術革新〟といった狭い意味ではなく、適切な邦訳はない）。

参考文献

（1）川久保勝夫『数学のしくみ』日本実業出版社　一九九三年
（2）小室直樹『数学を使わない数学の講義』ワック（WAC）（株）二〇一八年
（3）武田修三郎―心を研ぐ―『フロニーモス達たち』宣伝会議　二〇〇九年

統計の見方

統計学による社会的課題への挑戦

眞鍋《まなべ》　和弘《かずひろ》

「統計学が何の役に立つのか」、この素朴な疑問に悩まされてきた。一教員として、その魅力を伝えることは容易ではない。しかし近年、突如として追い風が吹いている。西村啓著『統計学が最強の学問である』（ダイヤモンド社、二〇一三年）は発行部数が三九万部を突破するなど、統計学ブームが起きている。さまざまな統計学の書籍が出版され、書店では統計学の新刊が平積みされている。それらの本を開けば、「ビッグデータ」・「Information and Communication Technology（ICT）」などのキーワードが繰り返し登場する。そのSF的要素に、読者は高揚感を覚えるのだろう。さらに、昨年からは新たなキーワード「EBPM」が新聞などで取り上げられるなど、統計学はSF（Science Fiction）から実用段階に進みつつある。

EBPMとは、「実証結果に基づく政策立案（Evidence Based Policy Making）」の略語であり、客観的なエビデンスに基づく政策運営を意味する。「根拠に基づく医療（Evidence Based Medicine）」からの拡張的応用であるＥＢＰＭは、これまで欧米を中心に発展したが、社会構造の急速な変化および厳しい財政状況のなかで、効果的・効率的な政策運営をもたらすとして、わが国でも注目を集めている。実証結果はこれまでの政策運営においても用いられてきたが、それは主に政策実施後の評価段階においてであった。ＥＢＰＭでは、政策立案段階における複数の政策案の評価に、実証結果が活用される。米国および英国では、日本に先行してＥＢＰＭに取り組んでおり、英国ではブレア政権以降、米国においてもオバマ政権以降において、政府主導によるＥＢＰＭの仕組みづくりが進められてきている。

日本政府による経済・財政一体改革にかかわるＥＢＰＭ推進の取組みとして、生活保護受給者への就労支援施策の試行的分析があげられる。この取り組みは将来的にＥＢＰＭを実用化する上での実験的なものではあるが、二〇一七年に、内閣府と市村英彦氏をはじめとする東京大学経済学研究科政策評価研究センターの研究者により、共同で実施されている。

この取り組みでは、生活保護受給者に対する就労支援事業およびインセンティブ制度が、被保護者の脱却等に与える影響が検証されている。この問題は、深刻な財政問題を抱えるわが国において、極めて重要な課題であることは言うまでもない。分析結果では、既存の就労支援事業およびインセンティブ制度には一定程度の効果があるが、制度上の問題が指摘されている。さらに当該分析を通じて、より広範で詳細なデータの必要性が明らかとなり、米国および英国の取り組みも参考にしつつ、ＥＢＰＭの基盤づくりの重要性が指摘されている。

その他にもＥＢＰＭを実施するうえで、政府から各市町村まで多くの問題が山積している。データの蓄積・運用、政策の評価方法、評価主体など、さまざまな問題を解決する必要がある。それらのなかでも、ＥＢＰＭを支える専門知識を持つ人材不足は、特に深刻である。

データに基づき、合理的な判断を行えるように、意思決定者をサポートする職務または人々は、「データサイエンティスト」と呼ばれる。欧米諸国に比べて、日本ではデータサイエンティストが不足しており、ＥＢＰＭを支える人材の育成が急務となっている。データサイエンティストは、大学院レベルの統計学の教育を通じて育成されるが、大学で統計学の教鞭を執る一教員として、その一助となれるよう努めていきたい。

お薦めの一冊

田中隆一『計量経済学の第一歩――実証分析のススメ』有斐閣　二〇一五年

参考文献

内閣府『経済・財政一体改革に掛かるEBPM推進の取組みについて（生活保護受給者への就労支援施策の試行的分析）』http://www5.cao.go.jp/keizai-shimon/kaigi/special/reform/wg5/291124/agenda.html.　二〇一七年
山名一史『「エビデンスに基づく政策形成」とは何か』二〇一七年『ファイナンス』平成二十九年八月号　七十六―八十四頁

地球環境と災害

大矢《おおや》 芳彦《よしひこ》

リビングアース

「リビングアース（Living Earth）」という聞きなれない言葉に、あなたは何をイメージするだろうか。人によって様々であろうが、主に三つの意味合いで捉えることが多いと思われる。

一つは「生きている地球」として直訳し、ダイナミックに活動している地球をイメージすることである。二つ目は、「リビングルーム」の意味合いで、私たちが過ごしやすい生活の場としての地球を思い浮かべることである。さらに、「リビング」を生物と捉え、ゾウやキリンなど「地球上の生物」を思い浮かべることもあるだろう。実はどれも正解で、この言葉にはこれといった定義はない。いずれにせよ、これら三つの意味が存在する「リビングアース」であるが、本テーマである「地球環境と災害」では、これらのすべての意味合いを対象としていく。

二〇一一年三月、未曾有の津波災害に見舞われた東北地方太平洋沖地震をはじめ、日本はもとより、世界各地で毎年地震や火山で多くの犠牲者を出している。この原因は、プレートテクトニクスと呼ばれる地球表層の巨大な動き、すなわち地球が生きているために起こる現象だ。しかし一方で、このように地球が激しく活動しているからこそ、物質循環が起こり、多くの生物が暮らしていくことができる環境が保たれているのだ。そんなメリットもデメリットもある地球のダイナミズムを、このテーマを通して実感してほしい。

テレビを見たり家族と話したり、安らぎの時間を過ごすことができるリビングルーム。それと同様に、地球は人類にとって必要不可欠で、唯一の生活の場である。最近、この私たちのリビングに変化が起きている。いわゆる地球環境問題である。急激な世界人口の増加、身勝手な経済活動が主な原因であるが、七五億の人間と多くの生物が、地球というひとつのリビングにいることを忘れてはならない。地球環境問題は、「問題」であり、答えはまだない。このテーマを通して皆で答えを考え、より快適で過ごしやすいリビングを構築していこうではないか。

地球上で最初に生命体が誕生してから四〇億年。この間、地球上の生物たちは、「命」というバトンを落とすことなく後世に受け渡してきた。四〇億年と言われてもピンとこないかもしれないが、四〇億年を暦の一年に置き換えると、私たちの一生八〇年はわずか〇・五秒という計算になる。そんな途方もない間、生物はバトンリレーを続け、今そのバトンを私たちが手にしているのだ。つまり、私たちの命は四〇億年の生命の歴史の集大成なのだ。本テーマでは、そんな生命の歴史を通して命の尊さを学ぶと同時に、未来にどのように命のバトンを渡すべきなのか考えていきたい。

お薦めの一冊は、本テーマとは直接関係ないが、松井孝典著『我関わる、ゆえに我あり――地球システム論と文明』（集英社新書）である。著者は宇宙物理学者であり、本の内容もそれに付随したものとなっているが、文系の人にも読み易く工夫されており、彼の哲学はズバリ本テーマの基盤を成すものである。自分の人生観や価値観を広げるためにも、若い方にぜひ読んでいただきたい一冊である。

いずれにせよ、このテーマを通して、私たちは唯一の居住地である地球を知り、地球とともに私たちが今生きていることを実感してほしい。また、地球に比べいかに私たちが無力で小さな存在なのかを認識してもらいたい。そして地球の未来、そして人類の未来に対して私たちひとりひとりが何をすべきか、何ができるのか、一緒に考えていこうではないか。

最後に、カナダの英文学者マーシャル・マクルーハンのことばを添えておこう。

「宇宙船地球号に乗客（passenger）はいない。私たちすべてが乗組員（crew）なのだ。」

生命科学と倫理

明日の技術について今日考える

佐藤《さとう》 亮司《りょうじ》

明後日は大キライな世界史のテストだ。大キライすぎて今日まで何もしてこず、教科書すら開かなかったほどだ。このままでは暗記のために二晩徹夜しなくてはならないのは確定だ——もしキミが標準的か少し自堕落な学生ならば、こんな状況に陥った事が一度や二度はあるかもしれない（実は私もある）。もしこんな時に、キミの友達が「一時的に集中力を増すクスリ」の存在をキミにこっそりと教えてくれたら、キミはどうするだろうか。「間違いなく飲む、飲んでなんとかテスト勉強を乗り切る」と言いたい一方で、そんなおとぎ話のようなクスリがあるはずがない、と思うかもしれない。だが、この話は一〇〇％絵空事ではない。アメリカでは発達障害の一種である注意欠陥性多動性症候群（ＡＤＨＤ）の治療薬、メチルフェニデートやモダフィニルが、まさに「集中力を一時的に増すクスリ」として、特に診断を受けていない学生にまで蔓延しており、社会問題化しているのだ。「そんなクスリが日本でも手に入ればいいのに」と思うかもしれない。しかしここでまず強調しておきたいのは、このような処方薬を能力の増強のために服用するのは、大変危険な行為だということである。例えば、メチルフェニデートは高い中毒性が知られており、依存症により自殺にまで至ったケースもある。その上、純粋に健康に関わる問題を除いたとしても、このような認知能力を増強する薬を服用することには、様々な倫理的な問題があるのだ。確かにキミは、クスリを飲むことで「その時だけは」テストで少し良い思いをするかもしれない。しかし、本当にそれでいいのか、ここでほんの少し立ち止まって考えてみよう。

まず、キミだけがそのクスリを飲んでテストに臨むことは、非常に不公平ではないだろうか。スポーツにおけるドーピングと違い、「今は」明示的には禁止されていないものの、一部の人間だけが利用できる手段を用いてテストで有利になろうとするのは、公平性を損なうように思われる。とりわけ、そのクスリが高価であった場合はなおさらだ。

しかしこのクスリが安全で効果的であり、安価に大量に出回るようになっても、まだ問題があるだろう。もし社会がそのようになったとしたら、そのクスリを摂取して能力を増強することがすっかり当たり前になってしまうかもしれない。そうなってしまうと、もはやクスリを飲まないことが不利になり、選択の自由はなくなってしまうだろう。

より根本的な問題として、そのような社会のあり方は本当に望ましいものなのか、という点がある。みんながクスリを飲んでテストに臨むのを是認することは、「競争に勝つためにはなりふり構わずあらゆる手段を講じるべき」という価値観を、助長しかねない。皆一つのゴールに向かって競争するのではなく、もっと自由で創造性に富んだ知的な営みを、我々は目指すべきではないだろうか（我々がどれだけクスリを飲んで集中力を増強しても、単純な処理能力はＡＩには敵わないかもしれないのだ！）。

ここであげた問題点は、どれも決定的なものではないし網羅的でもない。様々な問題点を勘案した末に、みんなでクスリを飲んで能力上げて、社会全体の効率を上げよう！となる可能性もあるだろう。しかしむしろここで大事なのは、ただ単に科学や技術の発展に流されて行動を決めずに、立ち止まって何が社会にとって良いことなのか、どのような社会を我々は望むのかを考え、未来を積極的に選び取ることである。この問題は認知エンハンスメントの問題と呼ばれるが、これ以外にも、生命科学の進歩は我々の生き方を大きく変える可能性がある。脳死は人類の死の定義を変えようとしているし、遺伝子診断は、我々が自身のあり方をデザインする可能性を秘めている。このような信じがたい技術の進歩を前にして、キミが、そして皆が立ち止まって考えなければ、社会もキミ自身も、長い目で見れば損をする事になるかもしれない。将来のために今立ち止まって考えてみる、それが、倫理学の社会における役割の一つなのだ。

お薦めの一冊

児玉聡　なつたか『マンガで学ぶ生命倫理』化学同人　二〇一三年

世界の食文化

チーズから読む日本と世界

大岩《おおいわ》　昌子《しょうこ》

チーズにはたくさんの逸話がある。エジプト遠征後のナポレオンが、フランスの中央部に近いヴァランセ城に立ち寄ったときのこと。この城は主に外交官として活躍していたタレーランが所有していた。そのさい供されたチーズがピラミッドに似ていたため、怒りのあまりナポレオンが剣で先を切り、現在のような円錐台形になったと言われるのが、山羊チーズ「ヴァランセ」である。同じくタレーランの辣腕により、一八一五年のウイーン会議で催されたチーズ・コンテストでチーズの王様に選ばれた「ブリー・ド・モー」。さらには、十六世紀に書かれた『ドン・キホーテ』に登場する「ケソ・マンチェゴ」。時代をさかのぼると、ギリシャ時代の宗教儀式やローマ人の大プリニウスが記した『博物誌』にも、チーズの記述が現れる。大地（テロワール）の産物であるチーズは、その味わいだけでなく、長い歴史のなかで語りつがれる話に興味はつきない。

そもそも、チーズは、いつ、どこでつくられるようになったのだろうか。製造は、紀元前六〇〇〇年あたりの西アジアで始まったとされる。牛や山羊、羊などのミルクを豊富に生産できるようになったことや、そのミルクを集めて保存し、凝固後、水を抜くための容器ができたことで、チーズづくりが可能になった。環境の変化と技術発達のたまものである。

そしてこの「乳利用文化」は、三つの経路で世界に広がっていく。まず、西アジアからギリシャを経て、イタリアを初めとする欧州に伝わる第一の経路。現在、私たちが食べているチーズづくりの基礎は、主にこの西洋で培われている。ちなみにEUは、チーズなど農業製品の「本物」としての品質を厳格に保つため、「品質保証システム」という制度を設けている。二つ目の経路は、西アジアから南東方向に位置する、インドやチベットに伝わる経路。そして、三つ目が、西アジアから北東のモンゴルに伝わるものである。ステップ地帯という厳しい環境条件下で生活するモンゴル遊牧民は、天日で乾燥させる素朴なチーズを、多様な方法で製造してきた。

日本にミルクが入ってきたのは、仏教伝来とほぼ同時期である。六五〇年ごろ朝廷が設置した「乳牛院」において、貴族階級、つまり「官」中心の独占食品として乳製品がつくられはじめた。蘇と呼ばれるチーズの原型のようなものが朝廷に献上されている。製造は鎌倉時代の一二一〇年ごろまで長く続くが、貴族社会の終焉と武家社会の始まりとともに消滅、それから約五五〇年間、乳利用文化は日本の歴史のなかで途絶えてしまう。

ところが、そんな歴史の空白期間である十六世紀にも、チーズの記述が見つかる。三十五年間、日本で布教活動をしたポルトガルの宣教師、ルイス・フロイスの『日欧文化比較』である。当時の日本社会をヨーロッパ文化と比較分析した記録であり、現在でも貴重な生きた史料となっている。その第六章は、日本人の食と飲酒の仕方に焦点が当てられ、三十節に次のくだりがある。「われわれは乳製品、チーズ、バター、骨の髄などをよろこぶ。日本人はこれらのものをすべて忌み嫌う。彼らにとってそれは悪臭がひどいのである。」また同じく四十二節には「われわれの間では魚の腐敗した臓物は嫌悪すべきものになっている。日本人はそれを肴に用い、たいそう喜ぶ。」と記述されている（ルイス・フロイス『ヨーロッパ文化と日本文化』岩波文庫）。

同じ「悪臭放つもの」だが、ヨーロッパではチーズが食文化の中心に、いっぽう日本では臓物系が発展してきたわけだ。だが現在の日本では、チーズは空前のブーム。味覚もまた、物流や人々の移動、そして情報を通して変化していく。

インターネットで検索すれば、容易に世界の食情報にアクセスできる現代。それでもやはり、食を知るためには、じっさいにその土地を訪ねてみたい。世界には想像のできないほどの食が息づいている。食事のたびに、その土地の文化に浸ることのできる、そんな旅に出かけようではないか。

お薦めの一冊

佐原秋生・大岩昌子『食と文化の世界地図』名古屋外国語大学出版会　二〇一八年

脳の科学

思考と感じる能力

三品《みしな》 由紀子《ゆきこ》

「頭」や「こころ」に関する英語表現、“it's all in your head”や“it's all in your mind”は聞いたことがありますか？ この二つのフレーズは受験英語には出てこないので、おそらく聞いたことがない人も多いかもしれない。「さっき、突然ＵＦＯが飛んで来て、一瞬、宇宙人の声がしたと思ったんだけど…」の返事に“It's all in your mind!”（勘違いでしょう！）や、「私、先生に嫌われているよね？」の返答に“What!? It's all in your head.”（えっ？ 気のせいだよ。）のように使われる。「思い込みだよ」や「あなたの頭の中でだけの出来事（非現実的な事）」という意味合いの表現は、医学の分野、例えば検査で異常がない原因不明の病状に関しても使われる。

現代人に多いストレスに由来すると考えられる症状は“in your head”（思い込みの病気）であるかもしれない。思い込みやネガティブな考えによって悪化する可能性のある病気もある。そのため、ポジティブ・シンキング（前向き思考）が身体に与える影響についての研究も、現在さかんに進められている。

当たり前だが、"in your head"（頭の中）には脳がある。脳は記憶のために必要であるし、もちろん考える場合にも不可欠である。こういう記憶や思考を研究する「脳の科学」は、時には哲学のように深遠なものとなる。

例えば先ほどの"it's all in your head"の脳の思い込みと「現実」との差はどう生まれるのか。「思い込み」は脳の間違いなのか、また想像力と「思い込み」の違いはどこにあるのか。一般に研究では問いかけが重要であるが、「脳の科学」でも非常に大切になる。

この講座「脳の科学」では、脳の構造や役割についても学ぶ。見る、聞く、嗅ぐ、触る、味わうなどの五感も、全て脳で認識し、暑い夏に感じるアイスクリームの冷たさや甘みは、脳で感知されている。その時の喜びを感じる「こころ」も脳にあるのだろうか。

人間の脳は体重の約二％であって、体全体の比率としては、動物の中では大きい。それに比べて、ダチョウの脳は目玉より小さい。脳が小さい分、物忘れがひどいらしい。自分の家族のことさえ忘れてしまうこともある。逆に、脳より大きい目を持つダチョウは、約十キロメートル先まで見えるといわれている。しかも、ダチョウは足がとても速い。小学生が憧れる肉体の持ち主として、動物ナンバーワンでもおかしくない。

家族のことは忘れてしまうかもしれないが、個人として自由奔放に生きられる。足が速くて目がいいダチョウが、家族ではないが気の合った仲間と一緒に楽しく暮らしているのを想像してみると、そのダチョウは幸せかもしれない。私たちが求める「本当の幸福」ではないかもしれないが、ネガティブな思考や、思い出したくない悪い記憶から自由になる生活は、現在、高齢化問題で話題になっている「認知症」につながっているようにも思われる。脳の研究は、自然の摂理も検討しながらしなくてはならない時もある。

ところで「良い記憶だけを残すことができるか」などの問いに対しては、脳の仕組みについてよりいっそう理解を深めることが必要である。思考力や記憶に関わる「考える脳」のように、「好き嫌い」「恐怖」「幸福」など「感じる脳」も自分自身でコントロールできるという研究結果は、すでに出ている。

そこでお薦めしたいのが、前向きな思考（楽観脳）と後ろ向きな思考（悲観脳）についての一冊、『脳科学は人格を変えられるか？』（エレーヌ・フォックス著、文藝春秋刊）。

言語・五感・感情・思考・記憶・病気など、さまざまな領域につながっている「脳」を科学的に考えることは、人間そのものについて考えることでもある。脳をよく知ることによって、私たちの身体や思考の不思議な働きを発見することができる。

脳の神秘と可能性について、探究してみませんか？

広告の戦略

広告はこれからどうなる？

広瀬《ひろせ》 徹《とおる》

マス・メディアとSNSの組合せ

この文章を書くにあたって、末尾を「である」調にせよ、と指示があったのであるが、そのことで思い出すのは、いまから五五年前の広告のコピー（キャッチフレーズや説明文）「なんである、アイデアル」である。

これは傘の新商品「アイデアル」―傘の骨にスプリングを付けた折り畳みやすくした傘―を販売する目的をもって、その名前であるブランドネームを世の中に知ってもらい、広めるため（ブランド名認知度向上）の広告である。

テレビ広告にはその当時の人気タレント植木等を起用し、日本における初期のタレント広告として一世を風靡《ふうび》した。（映像は現在YouTubeでも検索・閲覧できる。便利だYouTubeは！）日本のテレビ広告は、その後、飛躍的に発展するのである。

テレビのコマーシャルは、テレビの放映時のすき間時間を、また新聞広告は新聞のページというスペースを、お金で買ってそこに広告を流すシステムであり、企業の事業内容、商品・ブランドなどを世の中に知ってもらいたい、という要望をもつ企業が、広告主としてお金（広告費）を広告会社を通じてテレビ局あるいは新聞社に支払うのである。この広告ビジネスのシステムは、一九六〇年代以降、日本の広告の主流として位置づけられてきた。

しかし今世紀に入り、インターネットを通じ情報通信技術（Internet Communication Technology, ＩＣＴ）が飛躍的な進展を遂げた結果、テレビ・新聞など伝統的なマス・メディア広告は強い影響を受けている。テレビ・新聞・雑誌・ラジオを通じた広告が、その力を減らしつつある一方、Twitter／Facebook／Instagram／YouTube などＳＮＳ（Social Networking Service）を活用した広告が、急速に発展しつつある現状となっている。これらＳＮＳに含まれる各メディア・ブランドも、ビジネスの根幹に広告を組み入れ、利益の多くの部分は広告主企業からの広告費から得ているのであり、広告がＳＮＳを支えているのである。

広告主企業側も、伝統的マス・メディアだけではなく、より安いコストで、それに見合った影響力を及ぼすことのできるSNSを活用するようになってきている。

広告主の最終目標は、企業や商品・ブランドの価値を、広告を受けとめる側（Audience）に感じてもらう、あるいはその価値を向上させることである。広告情報の受け手であるオーディエンス（消費者）の消費行動も変化してきているので、そのこともふまえ、マス・メディアとSNSとを巧みに組み合わせていくことが必要となる。メディアを中心に考える現状の広告戦略とは、このことを言うのである。

また広告の内容をいかに表現していくか、その表現手法もVirtual RealityあるいはAugmented Realityなどの技術開発をふまえて進展してきている。広告主企業あるいは広告会社では、ICTの更なる発展を見すえた広告手法を導入しつつある。

広告は、英語でAdvertising、その語源はラテン語でAdvertere、方向を変えさせる、という意味である。人間の思考・行動を変えさせようとする広告を、メディアに振り回されることなく意識的に捉え直していくことが、広告の受け手Audienceにとっては必要である。

お薦めの一冊

佐藤尚之『明日の広告』アスキー新書　二〇〇八年

情報とコミュニケーション

インターネットが普及して人間は幸せになれたのか

若山《わかやま》 公威《きみたけ》

インターネットと私たちの生活

書籍や電化製品をネット上で注文して配達してもらう。友達とＬＩＮＥでメッセージのやり取りをする。インスタ映えする写真を撮って投稿する。私たちの生活で、インターネットはあたりまえのものになっている。

国内でインターネット利用者が増えるきっかけとして、一九九五年のWindows 95 の発売が挙げられる。ただし、最初のころはＷｅｂページ（ホームページ）による、企業や組織からの一方的な情報提供がメインだった。その後、ブログやＳＮＳといったソーシャルメディアを用いることで、一般の人でも手軽に情報を全世界に公開できるようになった。この双方向性により、二〇〇〇年代前半にはインターネットへの期待が高まった。例えば、遠く離れた人たちとコラボレーションすることで、仕事の仕方が変わるのではないか。市民が直接議論を交わし、世論を練り上げていき、直接民主制に近い政治形態が可能になるのではないか……。

現実はどうだろうか。職場や公的機関では、依然として電話や対面でのやり取りが多く占めている。インターネットにより人々の政治参加が進んだだろうか。ソーシャルメディアは普及したものの、炎上が頻発することで、情報発信を委縮してしまう人がいる。一度インターネット上に公開されてしまった個人情報が、多くのサイトにコピーされてそのまま残ってしまい、生活に支障が出ている人たちもいる。フェイクニュースが広まり、それを信じてしまう人たちもいる。国によっては、Ｗｅｂページの閲覧に制限をしていたり、自由に投稿ができなかったりする。さらに、個人的なメッセージのやり取りを盗み見している国家もある。インターネットは、完全にオープンな環境というわけではない。インターネットの現状を知り、より良くしていく努力が必要である。

最近は毎日のように、人工知能に関するニュースが報道されている。この人工知能の発展も、インターネットの普及と関連している。人工知能の開発には、大量のデータが必要である。そのため、人工知能研究のトップを走る企業は、インターネット上の多くのデータを利用することができるグーグルなのだ。

ニュース記事の中には、「人工知能が人間を支配する」と騒いでいるものもある。人工知能を技術的に理解することは難しい。しかし、細かい仕組みはブラックボックスにしても、人工知能が現在何を行うことができ、近い将来何をできるようになるかを知ることは、比較的容易である。そしてそれを知ることは、すべての人に必要になるであろう。特に若い人には重要である。なぜなら、これからどのような仕事につくか、どのように生きていくか決めるさいに、影響を与えるためである。

人工知能がインターネット上のすべての文章や動画、電子書籍を読み、利用できるようになると、単なる知識は役に立たなくなる。音声翻訳の精度とユーザインターフェースが向上したら、外国語の日常会話ができることのメリットがなくなる。そのような時代にどのように生きていくかを考える必要がある。

どのように学んでいくか

新聞やインターネット上のニュース記事では、表面的なことしか知ることができないうえに、間違いも多い。一歩踏み込んだ内容は、書籍やインターネット上で学ぶことが可能である。ただし、それらを読むための基礎は必要である。スマホの操作やパソコンソフトの使い方だけを学ぶのではなく、情報技術の基礎を学んでほしい。高校生なら、数学と情報の教科書をしっかり読んで欲しい。その知識があれば、あとはネット上で多くのことを学ぶことができるだろう。有用な書籍や情報の検索にネットを活用してほしい。

ソーシャルメディア

SNSとソーシャルなメディア

広《ひろ》瀬《せ》 徹《とおる》

社会的ネットワークを組み立てることの出来るサービスやウェブサイトを、ソーシャル・ネットワーキング・サービス（SNS：Social Networking Service）と呼んでいる。情報受発信装置（device）としてスマートフォンが普及したことにより、飛躍的に利用が拡大した。Instagram／Twitter／Facebook／YouTubeなどが個別のサービスをビジネスとして展開している。現在SNSの企業系列は、検索エンジンの企業を核にしてMicrosoft→Facebook→Instagramという系列とGoogle→YouTubeという二系列になっている。Twitterは自らのビジネスをSocialという言葉を使わず、Information Networking Serviceと呼んでいる。

一方、ソーシャルメディアは幅広い概念であるので、現状のSNSをメディアとして捉え、以下のように三方向で定義してみる。

①広告のメディアとして活用されるＳＮＳ
②パーソナルな情報をパブリックな情報へ広げ、シェアするメディアとしてのＳＮＳ
③社会的に、ある場合は政治的に意義のある情報を流通させるメディア

①ＳＮＳメディアそれぞれが、企業から得られる広告費を収入の柱としており、広告無しにはビジネスが成り立たない構造になっている。広告を出す（掲載する）企業側も、コスト効率の良いＳＮＳでの広告を、伝統的なマス・メディア広告（テレビ・新聞・雑誌・ラジオ）よりも高く評価するようになってきている。また商品ブランドの紹介をするYouTuberタレントの出現や、アーティストによる楽曲宣伝にYouTubeを利用するなど、ＳＮＳメディアの機能は拡張している。

②タレント渡辺直美さんのInstagramは評価が高く、継続的に彼女の「インスタ」を追っかけているフォロワーの数は、二〇一八年二月現在で七七〇万人に上っている。大きな影響力を支えているのは、写真・動画と文章を同時に送信することのできる、この「インスタ」である。自分のお気に入りのパーソナル情報を、社会的にパブリックに公開できる機能は、ユーザーにとって魅力的である。世界で五億人、日本で二〇〇〇万人のユーザーが存在する、と言われている。「インスタ映え」という言葉が二〇一七年の「流行語大賞」を獲得したのは、記憶に新しい。

③何かと話題になる米国トランプ大統領のTwitterを活用したメッセージ発信、セクシャルハラスメントなどの被害体験を告白・シェアする#MeToo、いろいろな国での情報統制をかいくぐって政治的な意思表示をするツールとしてのFacebook、二〇一五年に国会前抗議行動を行った団体SEALDsとそのブログというメディアなど、二〇一五年以降、SNSと社会的・政治的活動との密接な関係を示す事象が特に増えてきている。既存の報道機関とジャーナリズムに与える影響力も強い。

以上、企業の広告投入、個人の活発な情報発信活動、社会的・政治的示威活動という側面のそれぞれに深く関係するのが、〈SNS＋ソーシャルメディア〉なのである。SNSは、個人が直接社会と関係を結ぶことができる大きな魅力をもっているが、そのことに引きずられることなく、抑制の効いたメディアとの関係づくりを目指すべきである。

お薦めの一冊

香山リカ『ソーシャルメディアの何が気持ち悪いのか』朝日新書　二〇一四年

映像メディア

誰も眠ってはならぬ

柿沼《かきぬま》 岳志《たけし》

私が学生の頃に『JFK』という映画が大変に評判になった。一九九一年の公開だから、三〇年近く前の映画ということになる。監督はオリバー・ストーン。ストーンは当時から『プラトーン』や『7月4日に生まれて』など、センセーショナルな話題作を次々と発表する鬼才として脚光を浴びていた（あまりにもジャーナリスティックな策士ぶりに、いささか辟易させられるところもあったが）。その彼が、アメリカ史の中でも極めつけの暗部であるケネディ暗殺事件に挑むということで、文字通りの話題作であった。

『JFK』は、ニュー・オーリンズの地方検事であったジム・ギャリソンとケネディ暗殺事件の研究家ジム・マースの著作を一応の原作とし、主人公にもジム・ギャリソンが据えられてはいるが、そこに虚実入り混じった様々な映画的な仕掛けを施し、三時間強の大作として仕上げられている。言うまでもなく、ケネディ暗殺事件の最も特異な点は、「暗殺」という言葉には全く似つかわしくない白昼の元、ダラス市内におけるパレードの最中という衆人環視の元に行われたことである。しかもケネディ狙撃の瞬間は、後に「ザプルーダー・フィルム」と呼ばれることになるアマチュアカメラマンによる八ミリ映像で克明に記録されていた。この記録フィルムがのちのオズワルド単独犯の信憑性を覆すことになるのだが、そのフィルムの存在が映画『JFK』の根幹になっている。もっと言えば『JFK』という映画そのものが、このわずか三〇秒に満たないフッテージ（映像素材）に向けて構成されていると言っても過言ではない。

『JFK』は、主人公のギャリソンがケネディ暗殺事件をテレビを通じて知り、時には行き過ぎとも言える執拗な調査を行った末、クレイショー裁判と呼ばれる公的には唯一の法廷裁判にこぎつける、というのがその大雑把な筋立てであるが、その構成は一種の探偵ものとして、映像による回想形式が多用されている。ここで重要な点は、ケネディのパレードそのもの自体は、公的な報道機関によっては記録されていなかったということだ。つまり先だって触れた「ザプルーダー・フィルム」以外には、狙撃の瞬間を記録した映像は存在しない。ということは、ストーンはそれ以外の説明映像をすべて独自に撮影していることになる。調査シーンないしは裁判シーンの中で、的確な配置と編集で繰り返し現れる映像による回想シーンは、実際のニュースフィルムなどの事件当時の映像と、映画制作時に新たに撮影された場面が混在し、構成されている。しかも回想場面は、名手ロバート・リチャードソンによる流麗な三五ミリフィルム撮影とは異なり、八ミリや一六ミリフィルムをブロウアップし、粒子を荒くした上でゴミや傷などを意図的に付け加え、事件当時の映像とマッチングさせるべく技術的な工夫が凝らされている。一目見ただけでは、一般の観客には当時の映像と見分けがつかない。その回想場面が、練られた脚本の上、巧みな編集と効果音で構成されて映し出されてしまえば、ギャリソン＝ストーンの意図した方向に、鑑賞者はほとんど暴力的に誘導されてしまう。

このことは、監督としてのストーンの力量をいささかも傷つけるものではない。むしろその豪腕ぶりは賞賛されてしかるべきものである。巧みな演出と編集で見る者を有無を言わさずストーリーに引き込む技術は、ハリウッドが百年かけて研鑽してきたものであり、映画の原動力であるからだ。ケネディ暗殺事件の真相がどうであれ、ストーンの描き出した理路整然とした物語に比べれば、現実のケネディ暗殺事件のシナリオは（サム・ジアンカーナかフィデル・カストロか、誰が書いたにせよ）ずっと出来が悪いとさえ言えるかも知れない。ただしこの作品には、映像の持つ極めて危険な側面が露呈している。

優れた映画は、常に鑑賞者を無条件に夢の世界に引き込む強い力を持っている。意識していなければ、私たちはあっという間に、誰かが見た夢の中に引きずり込まれてしまう。その誰かがいつも良い夢を見ているとは限らない。ナチスドイツが巧妙なプロパガンダによって支持を拡大したように、映像には強い魅力と危険性が常に存在している。私たちはそのことに自覚的でいなくてはならない。誰も眠ってはならないのだ。

文化とコミュニケーション

言語学習では文化とコミュニケーションは切り離せない

デゥエイン・キント

別々の研究分野とされることの多い「文化」と「コミュニケーション」は、本当のところ、密接に結びついている。じっさい、第二言語を使うとき、間違いや誤解の原因が、文化的な規範を理解しないままコミュニケーションを取ろうとしているせいだったりする。そういうわけで、第二言語をうまく話そうとする人は、言語の社会的側面と、言語的側面の両方について、少なくとも基本的な部分は理解しなければならないのだ。

例えば、bath という日常語について考えてみよう。日本人の話者が英会話で bath という語を使うとき、西洋式のバスタブも、トイレも含まれるようなバスルームを指しているのだろうか、それとも浴槽の外で身体を洗い、お湯を捨てない日本式の風呂を指しているのだろうか？ あるいは、日本や海外で風呂に入るという行為を指しているのだろうか？ 同じ bath という短い単語で、これだけ違ったものが想起される。

ある単語が表すものを明確に理解するというレベルを超えて、文化のコミュニケーションへの影響には、話すさいの規則も含まれる。話者間の駆け引き（誰が、いつ話すのか）、自己開示（自分について話すこと）、ポライトネス（敬語など）、態度（特定の状況下での行動）、などなどたくさんの側面が関わっている。


一九九七年、A・ファースとJ・ワグナーという研究者が画期的な論文を発表し、そのなかで「言語使用の社会的次元」にもっと注目するよう訴えた。それ以来、研究者たちは言語学習の社会的理論を構築している。ここで示唆されてるのは、コミュニケーションと文化は一緒に教えられるべきであり、学習者は単語力や文法力だけでなく、対話スキル、とりわけ「母語—第二言語間の異文化理解を促すような対話スキル」を高めるべきである、ということだ。

その文化を代表してくれる人がその場にいないとき、学習者が第二言語の文化コードを理解するのに役立つ方法のひとつは、異文化エピソードの分析である。異文化エピソードとは、文化的な情報を知ったり経験したりする状況を指す。

現在、会話分析という学問分野があって、こうした異文化エピソードを定義し、分析し、説明するのに効果的なアプローチを提供している。例として、私の学生二名による会話の録音から抽出した会話分析を紹介する。二人は、食べ物のシェアの仕方と、それに関連する言葉が文化ごとに異なるという発見について話した（会話は英語）。

「彼がパンをひとかけら私に差しだしたとき、私は驚いて笑ってしまった。そのときは少し変だと思った。でも友たちが言うには、彼の文化ではそれを受け取らないと、無作法になるということだった。それが彼の文化の一部だとわかってうれしかった」

このやり取りで「私」は、パンのかけらを差しだされたときの自分の反応を話している。こうした経験を共有することにより、その食べ物を受け取るかどうかに関しても文化的影響があるという事実が、両者にとってより明瞭になったことになる。少なくとも、「食べ物を分け合う」ときのコミュニケーションに、文化的影響があることは分かるのである。

この異文化エピソードの一例が示すように、文化とコミュニケーションは密接に結びついている。第二言語の有能な話し手になるには、その言語に関する言語形式と文化基準の、両方を学ばなければならない。「現実の」異文化交流を共有するためには、コミュニケーションにおける文化の重要性をまず認めることが大事だろう。

お薦めの一冊

Firth, A., & Wagner, J. (1997). On discourse, communication, and (some) fundamental concepts in SLA research. *The Modern Language Journal*, 81, 285–300.

ジャーナリズム

フェイクニュースとファクトチェック

後藤《ごとう》 希望《のぞみ》

ジャーナリズムとは、情報の大量発信技術を備えたメディアが、毎日あるいは定期的に、事件や出来事を報道、議論・論評することを指す。報道を通して、権力を持つ組織や個人を監視する役割も担っている。客観報道、調査報道、犯罪やスキャンダルを扱うタブロイド・ジャーナリズム、ワイドショーなどのニュース・ショーと、ジャーナリズムの在り方は多様である。さらに、マスメディアが守るべきルールや倫理・価値基準を指すこともある。

このように定義されるジャーナリズムは、権力との闘争や技術の進化と共に、長い歴史を歩んできた。時代の流れの中で、変わらないことと変わったことがある。変わらないことは、いつの世も、発信される報道内容の質に良し悪しがあるということ。そして、大きく変わったことは、インターネットの普及により、今では、情報を瞬時に大量発信する技術を、個人も容易に入手できる点だ。

この「不変」と「変化」の二つの接点から生まれ問題になっているのが、フェイクニュースである。二〇一七年一月二四日、英紙ガーディアンは次のように報じた。「二〇一六年の言葉」に、オーストラリアのマッコーリー英語辞典が「フェイクニュース」を選び、英国のオックスフォード英語辞典は「ポストトゥルース」(post-truth：脱真実の／客観的事実よりも人々を納得させる)を、そして米国メリアム・ウェブスター英語辞典は「非現実的な」(surreal)を選んだというのだ。マッコーリー英語辞典は、フェイクニュースを「政治目的やウェブサイトへのアクセスを促すため、サイトから故意に配信される偽情報や作り話のこと」「ソーシャルメディアによって拡散される不正確な情報」と定義している。

トランプ政権発足後、頻繁《ひんぱん》に耳にするようになった「フェイクニュース」は、新種の報道ではない。紀元前、初代ローマ皇帝アウグストゥス(英語の八月の語源)が、政敵アントニウスを誹謗中傷するコインを流通させたことに遡ると言われている。政治的影響力を狙ったものだ。イギリス新聞史を見ると、十七世紀初頭、イギリス新聞創始に貢献したひとり、ナサニエル・バターを外すことはできない。『News』と呼ばれる週刊報道紙を発刊したバター。新聞を「連続かつ定期的に発行する」という概念を定着させた人物であるが、購読数を伸ばすために出まかせの記事を多く掲載したとの悪評も高く、彼の苗字を取って、当時、虚偽記事は「バタープリント」と呼ばれた。一方、十九世紀の米国でも、利益を上げるためのイエロージャーナリズムが横行した。

伝統格式のある報道機関が発信する、政治や利益目的ではないフェイクニュースに時折り遭遇する。ある新聞社は、伝統と業績から世界的に認知されて信頼度が高いため、その社が配信した記事を鵜呑みにしてしまった某ディレクター。二〇〇八年北京五輪大会中、近代五種に関する企画が通り、編集の段階で、その記事の裏取りができないことに不安を覚えたディレクターから相談を受けた。つまり、「ファクトチェック」を依頼されたのだ。諸言語を駆使してリサーチすると、その社しか記載していない事柄だった。モナコにある国際近代五種連盟の本部に問合せると、記事の内容が事実でないことが判り、その記事に基づいて編集していたインサート映像を削除した。後日、ディレクターが見た記事がウェブから削除されていることも判った。

報道を発信しているのが組織なのか個人レベルなのかは、質の判断基準にはならない。シリア人市民ジャーナリストグループＲＢＳＳは、国内外から、街の現状や自称イスラム国（ＩＳＩＳ）が発信するフェイクニュースに挑むニュースなどを、命がけでＳＮＳに投稿している。

フェイクニュースの種類や動機は様々ある。フェイクニュースに煽られない策として、内容のファクトチェック＝事実確認は必須である。ニュース配信までのプロセスを可視化している新聞社が国内外にあるが、どんな情報も鵜呑みにしないメディア・リテラシーが不可欠である。

お薦めの一冊

立岩陽一郎・楊井人文『ファクトチェックとは何か』岩波書店　二〇一八年

NGO・NPOとボランティア

「自分に何ができるのか」「自分は何ができたのか」

宮川《みやがわ》 公平《こうへい》

「言葉は通じなくても体一つあればコミュニケーションはとれる」「食べ物のありがたさを感じ、いつの間にか自分が何をすべきか考えながら行動するようになった」「子どもたちと一緒に過ごすことで、全力で人の温かさに触れることができた」「自分から行動しないと何も起こらない。消極的な自分を少しは変えられたかな」「私は何のために来たのだろう」

これらは、海外ボランティアを体験した学生たちの感想である。その場、その瞬間、学生たちは日本で生活しているときには感じられない何かを感じとっているのは確かであろう。それは今までに得られなかった充足感であったり、あるいはせっかくボランティアに来たのに何もできない無力さであったり、さまざまである。

では、こうした学生たちはその後どうしているのだろうか。これまで多くの学生たちがボランティアに参加するのを見てきた。しかし、多くにとってその体験は一過性のものとして、日常のなかで埋没していくようである。あの日々は何だったのだろうか。

まるで世界遺産を観たとき、テーマパークのパフォーマンスを観たときの感動や体験のように、非日常的空間で得られた感動や体験というものは、消費行動の対象として、日常のなかで当たり前のように消費され、忘れ去られていく。学生たちにとって、海外ボランティアの体験はそんな感覚に似ているのではないか。

他方で、観光であれエンターテイメントであれ、ボランティアであれ、同じ体験を一過性のもので終わらせない学生たちもいる。みんなの前で報告会を企画する学生もいれば、自分でツアーを企画して、もっと多くの人を巻き込んでボランティアに参加する学生も現れる。何が違うのだろうか。

勘違いしないでほしい。一過性のもので済ませてしまう学生が悪い模範で、そうでない学生が良い模範だ、ということを言いたいのではない。良い悪いではない。人とはそういうものなのだ。人は同じような体験をしても受け取り方はそれぞれであり、その対応も同様になるとは限らない。大切なのは体験を通して内省するプロセスではないか。その体験は自分にとってどんなものだったのか。その結果として、次のアクションに一歩を踏み出すのか、それとも別の道を選択するのか、いずれであってもよいだろう。

その意味で、この講座は学生のみなさんにとって一助となろう。NGOやNPO、そしてボランティア活動に関する基礎的なことを学ぶだけではない。そもそもなぜ他人を、他国を支援するのか。なぜボランティアなのか。なぜ企業や国家ではなく、NGOやNPOなのか。NGOやNPOの支援は、支援を受ける側のためになっているのか。国際連合や多くの国が、多くの予算を使って支援をしているのに、なぜ状況が変わらない途上国があるのか。支援を受ける側の自助努力が足りないのか。講座では、現状と課題、その背景にあることを正しく理解し、その上でどうするかを、根源的な問いにまでさかのぼりつつ、徹底的に悩む機会を提供する。

冒頭の学生たちの言葉の背後にある問い。「自分たちに何ができるのか」「自分たちに何ができたのか」。

これまでにボランティアなど社会活動の経験がある人には、講座を通して自らを内省してほしい。そうでない人にとっては、社会活動に参加したときに、自ら内省する素材として役割を果たすだろう。いずれにしても、この講座がみなさんにとって実践のための一歩を踏み出すきっかけになってもらえたら、こんなにうれしいことはない。

お薦めの一冊

北野収 『国際協力の誕生―開発の脱政治化を超えて―』 創成社 二〇一一年

「誰のために」「何のために」そんな根源的な問いについて考えさせてくれる本です。

少子高齢化と福祉・労働

私のレシピ「社会的課題」の解決はアイデアと企画で勝負する

横山《よこやま》 陽二《ようじ》

小生はこの講義の担当でも、また「少子高齢化、福祉、労働」の専門家でもないが、ご指定なので僭越ながら執筆している。広告会社に二〇年勤務した実務家出身で、企業社会を経験してきた教員である。社会に出ると、このように自分の専門外の業務を任される事も多い。「日本の魅力を世界に発信したい」という志で、名古屋支社から本社に異動したが、担当は女性向けの商品の営業。その商品知識も、もちろん使用経験すらもなかった。日夜、どうしたものかと研究した。社会とは、そんなもんだ。従って、学生時代には幅広い教養（世界教養の目指すゴールか?）と、専門外の業務を任された時に乗り切るガッツを身につけることが必要である。ここで前段は終わりにして、本題に入るとする。

日本は、世界でも稀に見る少子高齢化に直面している。この問題は極端に言えば、対策を打たなければ、いずれ日本という国の存立に関わる社会的課題であると言える。二〇一四年に地方創生会議が人口減少社会に警鐘を鳴らすレポートを世に出した。いわゆる増田レポートである。このレポートは、衝撃的なインパクトを社会にもたらした。このレポートと時を同じくして、安倍政権は地方創生本部を設置し、その対策を政府として打ち出した。消滅可能都市とされた地方自治体は、こぞって将来ビジョンを策定し、街に仕事を創り、人を呼び込む計画を策定した。地方創生本部が認定すると、自治体に予算が割り当てられ、ビジョンを達成する事業を実施することになる。この取り組みにより、全国で地方自治体の面白いCMが多数制作されているのは、ご存知だろうか。筆者は、こうした社会的課題をマーケティングや広報で解決するソーシャルコミュニケーションを広告会社で一〇年弱担当した経験がある。シラバスによると第一二講では、大学の地域連携を学ぶとある。ここで、少子化という社会的な課題と、地域活性に取り組んだ本学での事例を紹介しよう。横山ゼミ生が二年半に渡り行なってきた「バーべきゅんプロジェクト」は、地域連携協定を締結した三重県菰野《こもの》町の尾高高原キャンプ場との取り組みであり、そのコンセプトは「恋愛で地域を活性化し、少子化をとめる」というものである。それを伝える為にポスターを制作し、キャンプ場でイベントをプロデュースし、多くのカップルを誕生させてきた。こちらの三分間の映像（注1）も、その目的のために制作された。「少子化」という難解なテーマを伝え、興味を持って貰うためには、眉間にシワを寄せて考えているだけでは伝わらないのだ。社会的課題に対しては、自分事にでき、みんなが参加しやすいようなアイデアで企画を創る事が、一つの解決策である。これが私のレシピだ。
福祉というテーマは広い社会的課題であるが、専門ゼミで勉強している事例に、二〇一二年のカンヌ・クリエーティビティーフェスティバル入賞作品として有名な広告キャンペーンがある。イタリアで「世界ダウン症の日」である三月二一日に、第一回目のキャンペーンが行われた。ダウン症サポート団体の「クールダウン」とトヨタ自動車、P&Gなど国内外企業が共同でＴＶＣＭなどのメディアを活用して実施した。たとえばＴＶＣＭでは、各社の見慣れたテレビＣＭに登場するタレントに代え、ダウン症の人が演じ、彼らへの偏見や社会での就労支援の理解を向上させるキャンペーンであった。イタリア人の人口の三分の一にリーチしたとされ、大きな成功を収め、カンヌでも評価されたのである。こうした事例をすぐに思いつくためには、日頃より常にアンテナを張って情報収集することが必要である。このように専門としていないテーマを任された時にも、幅広く教養を持っていれば、対応することができるのである。拙稿で「少子高齢化や福祉」に興味を持った学生には、ぜひ講義を受けていただき、「少子高齢化、福祉、労働」について学習いただきたい。さらに興味を持ったら、私が担当の広報論を受講し、社会的課題を広告や広報で解決するソーシャル・コミュニケーションについて学んでいただきたい。

注1　https://www.youtube.com/watch?v=kuPdh8lDh74&feature=youtu.be

お薦めの一冊
増田寛也『地方消滅　東京一極集中が招く人口急減』中公新書　二〇一四年

公益通訳翻訳

語学を修め、世のため人のために活かす

津《つ》田《だ》　守《まもる》

今世紀は人類史上、ヒトの移動が規模の最も大きい、形態の多様な時代、と言われる。陸、海のみならず空を、世界の国々の内外でヒトは日々、旅行し移住する。もちろん、すべてが自由意思で移動しているのではなく、難民としてそれまでの生活の場を離れざるを得ない人々、人身取引に取り込まれ売られていく被害者も含まれる。

その波は日本にも及んでいる。日本人が世界中を旅し、留学や駐在をしている。二〇一七年の出国者延べ人数は二四〇〇万人であった。一方、訪日外国人数も、二〇一三年に一〇〇〇万人、二〇一七年には二八〇〇万人に達し、オリンピックの二〇二〇年には四〇〇〇万人が見込まれる。また、中長期間、日本在留の外国籍の人々も、二〇一七年に二五〇万人強となった。少子高齢化がいっそう進展する一〇年後には一〇〇〇万人を優に超えるという予測がある。

そういった状況は、日本に来て、あるいは生活していながら、日本語が（十分に）話せない、理解できない人々の増加を意味する。外国語を学ぶ学生にとっては、その言語を修得し、加えて技能や倫理観を身に着ければ、通訳翻訳という仕事で活躍できる。

普通の行動や日常生活では、サバイバル日本語で済むだろう。ときには身振り手振りを交えてでも。だが、いかに短い滞在中であっても、あるいは何年間も居住していると、「非日常的な」場面への遭遇が起きる。予期せぬ危機的事態に直面することもある。

短期間の日本旅行中であっても、慣れぬ環境や天候で体調を崩すことはある。滞在型の場合には、居住地の市・区役所に出向いても、子どもを公立学校に通わせるなら、教育委員会の窓口で日本語が通じなければ手続に困る。思わぬ交通事故に遭いケガをする。滞日歴が長くなってくると、妊娠や出産をする、大きな病気にかかる、犯罪に巻き込まれてしまうなどが考えられる。

たとえ、普段の会話ができるとしても、上記のクリティカルな状況においては、日本語話者との間の十分なコミュニケーションが不可欠だ。行政緒手続、刑事・民事・家事等の訴訟手続、保健・医療・福祉でのやり取り、日本語を解しない児童・生徒への指導、様々な相談に乗ったり支援したりする場面で、正に通訳翻訳が不可欠だ。こういった領域での業務（「ボランティア」で、ということもあるが、多くは有償でより責任の重い役割を果たす）が公益通訳翻訳であり、それらを担うのが公益通訳翻訳者（司法の世界では、「通訳人」と呼ばれる）だ。

日本の公的諸機関は、外国語を運用できる職員を採用し活用している。例えば、外務省、法務省（入国管理局、矯正局、検察庁等）。地方公共団体では、都道府県（教育委員会、警察本部等）及び市町村。そういった所では、専任職員が対応しきれないときは、外部の民間通訳者に依頼する。裁判所では、基本的に個々の案件ごとに、法廷通訳人をその候補者登載名簿から選任する。

各地の弁護士会や国際交流協会での相談・支援窓口は、通訳者リストを維持管理している。NPOほか外国人支援のための市民グループにおいても、地域の人々が通訳者ネットワークを作っている。国公私立を問わず、病院においても日本語を解しない患者への対応が求められている。

上述のクリティカルな諸場面での通訳翻訳業務は、日本語及び対象外国語の発言や文章を把握するのみならず、それをもう一方の言語に変換する、しかも対象言語を聴く、ないしは読む人にきちんと理解してもらう必要がある。お互い、文化背景や社会環境が異なるのであるから、十分な意思疎通は簡単ではない。

公益通訳翻訳者には、複数言語の運用能力に加え、通訳翻訳における機微を認識し、それらを発揮するためのスキルと行動規範を獲得しなければならない。ときに、正義実現と人権擁護のため、あるいは人の生死に係る場面に、公益通訳翻訳者が存在するのである。

お薦めの一冊

津田守編『法務通訳翻訳という仕事』大阪大学出版会　二〇〇八年

多言語多文化マネジメント

双方向のコミュニケーションで広がる世界

吉富《よしとみ》 志津代《しづよ》

世界中で人の移動が活発になり、日本でも日常生活の場面で多言語が飛び交う時代となった。しかしながら同時に、知らないがゆえに起こる誤解や混乱も増えている。多言語や多文化という現状を把握し、違いの壁を越えて実現する、双方向のコミュニケーションの先の可能性について、具体的なイメージが抱けない現実を、どのように打破していくのか、多言語多文化をマネジメントする目的はそこにある。

最近の共通の世界状況として、移民排除の傾向は、その調整においてホスト社会の多数者側が、ある種の不平等感を感じてしまったことによる。そこでは人権を限度のある物理的な権利と勘違いし、譲り合うことを自分の我慢や損失ということだと感じてしまい、奪い合う、奪い返す、という現象につながっている。人権というのは、全員がともに守っていくことでその土台を大きくしていくものであり、誰も排除されないような成熟した社会の実現に近づくことである。

たとえば、医療の現場における通訳も、多言語・多文化への認知の上に、それをどのようにマネジメントしていくかということにより、地域医療環境そのものの向上につながる可能性がある。日本語という言葉の壁がある外国出身の住民が病院を訪れたときに、受付では、コミュニケーションに危惧を感じ、治療や支払いに関するマイナスイメージから受け入れを躊躇するか、自己責任で医療通訳者の同行を患者に求めることが多い。しかし、知人や自分の子どもなどで少し通訳ができる人を捜して対処療法的に対応した場合のリスクや、無償のボランティアに依存する状況では課題も多く、環境はなかなか改善されない。それでも、少しずつ医療通訳システムの必要性を感じた市民団体や行政などの努力により、草の根の取り組みは近年増えてきている。時間はかかるが、国の制度につながる可能性も見えてきつつある。そこに多言語・多文化を見据えたさまざまなマネジメントの試行錯誤があり、それらが連携・協働して少しずつ活動を継続させることにより、医療機関、行政、市民、通訳者等の関係者の意識がともに高まる。医療通訳者の養成や医療通訳システムにかかる経費、コーディネート機関および通訳者への対価が、「出し合う」形で捻出されていき、それが全国的な仕組みへと発展していくのである。

このように地域医療現場の環境が、多言語・多文化をいかにマネジメントしていくかということによって改善され、整備されていけば、医療ツーリズムなどのインバウンドに発展し、社会を活性化する可能性を大きくするのである。二〇二〇年のオリンピック開催に向けた日本の受け入れのための医療環境整備が促進されつつあるが、しっかりと地に足をつけた恒常的な多言語・多文化のマネジメントを考えることこそ、これを一過性のものではなく、社会全体の改善につなげていくことになる。

多言語・多文化は、それ自体が目的ではない。あくまでツールとして、そのマネジメントを考えていくプロセスで、多様であることを実感し自分自身の視野を広げていくのである。多様な住民で構成される地域社会において、地球に住むすべての人が同じ生活者であるという視点で、メディアからのステレオタイプ的な情報に惑わされることなく、また文献のみに頼らず、社会問題を公正に考察する力をつける。また、経済的な指標ではない、真の豊かさを問い直す機会を手に入れるのである。

多文化共生社会は、それぞれの文化や言語を知り、違いを理解して認め合うだけでは実現できない。どのように折り合いを付けていくのか、その調整のための知恵がどれだけ出せるのか、そこが問われるのである。その結果、現代の日本で失われつつある寛容性が身に付き、自分らしく生きていくことのできる、ゆるやかで心地よい社会の醸成へとつながるのではないだろうか。

お薦めの一冊

田巻松雄『未来を拓くあなたへ―「共に生きる社会」を考えるための10章』下野新聞社　二〇一七年

多文化社会論

バイト仲間は外国人

宇治谷《うじたに》 映子《えいこ》

皆さんは日常生活において、どんな時に「多文化」を感じるだろうか？ 例えば塾帰りに立ち寄ったコンビニで、会計を済まそうと店員さんに商品を差し出すと、訛りのある日本語が返って来て、ハッとして名札を見ると、カタカナの名前が書いてあったといったような経験はないだろうか？

近年、日本にも私たちが気づかないうちに、「多文化」の波は押し寄せてきている。一九九〇年には一〇〇万人であった日本に住む外国人の数も、二〇一五年には二二三万人を超え、日本の総人口の一・七%を占めるまでになった。出身国別の内訳をみると、圧倒的に多いのが中国の出身者で、韓国・朝鮮、フィリピン、ブラジル、ベトナムがそれに続く。中でも、ここ数年伸びが顕著なのがベトナム出身の若者で、実は中国人、ネパール人留学生と共に、コンビニにおける外国人バイト生の八割を占めている。

学生たちも、今後コンビニや飲食店でバイトをする機会が増えると思うが、ぜひ身の回りにいる文化背景の異なる人たちに、興味や関心を持ってほしい。将来日系企業で働くために、日本語を勉強しに来日した留学生。だが多額の借金を返すために、週二十八時間ぎりぎりの線まで夜勤のバイトをこなし、睡眠不足で教室に向かう。家賃を抑えるために狭いアパートに四人で生活をし、食事はコンビニの弁当ばかり、というアジア人留学生の現実が見えてくるかもしれない。

まわりに暮らしている外国籍の人々に関心を持つと同時に、日本人が持っている、ふだん意識しない特権についても考えてほしい。アメリカで「白人特権」という概念を広めたペギー・マッキントッシュ氏は「白人特権：目に見えないナップサックの中身を出そう」というエッセイの中で、白人は食料、パスポート、ビザ、衣服等の入ったナップサックをしょっているが、目に見えず重さがないがために、労せず得た財産に気づいていないと述べている。

「引っ越しをしなければならなくなった時、望む地域に家を借りたり、購入したりできる」「クレジットカードや現金を使う時に、私の肌膚の色により金銭的信頼性を損なうことはない」など、エッセイにあげられた二十六の白人特権は、日本における日本人特権に置き換えることができるのではないか？

私たちがふだん当たり前に享受しているマジョリティ特権に気づくには、留学生、技能実習生、外国にルーツを持つ子供たち、難民等々、日本に暮らすマイノリティの人々について知ることが不可欠である。彼らの目を通して日本を見ることで、今まで知らなかった日本が見えてくるに違いない。

大学やバイト先で文化的背景の異なる人を見つけても、壁を作らないでほしい。勇気を持って話しかけてみよう。彼らと友達になることで、自分たちの世界は必ずや広がるはずだ。そして、今まで街角で何気なく目にしていた外国籍の人々の生活に、「どんな夢を抱いて日本に来たのだろう」「日本語はどこで勉強しているのかな」など、思いを巡らせることができるようになれたら、あなたは立派な多文化社会の一員だ。

グローバル化が進む現代、四年後に社会に出て行こうとしている学生に求められている能力は、「好奇心」、「開かれた心」、「共感力」等を含むグローバル人材能力である。それらの能力を駆使し、文化背景の異なる人々と積極的に関わることで身につくのが、「新しいものの見方」である。そしてありがたいことに、これらの能力はわざわざ外国に行かなくても、いま暮らしている地域で身につけることができるのだ。

お薦めの一冊

倉八順子『対話で育む多文化共生入門　ちがいを楽しみ、共に生きる社会をめざして』明石書店　二〇一六年

人口と移民

移民・難民・異文化の人々

吉見《よしみ》かおる

移民、難民について学ぶことは、グローバル時代を生きる私たちにとって、非常に重要な課題である。そこで留意すべきは、人間に関するこの学問が、単に「日本は移民、難民を受け入れるべきか否か」という議論だけで片付けられてしまう危険性があるということである。

なぜ人は国境を越えて移住するのか、なぜ難民はアフリカ、中東を出身とするものが多いのか。その要因を歴史、政治、経済、社会、文化等の局面から考察し、さらに実際に移民、難民としての経験がある人々からその現実を学ばなければ、しばしば目にする、排他的な一般論で対処してしまう可能性がある。なぜなら、日本は既に「小さな」国だからである。

『海は燃えている』

二〇一五年、トナーレスターテ国際平和文化フォーラム（イタリア）に参加した時、イタリア最南端のランペドゥーサ島で難民救助に携わる、イタリア沿岸警備隊の隊長アキレ・セレリ氏にお会いした。この島は、アフリカや中東から命がけで地中海を渡り、ヨーロッパを目指す多くの難民・移民の玄関口として知られている。島の人口約五五〇〇人に対し、年間五万人を超える難民がたどり着くという。セレリ氏は実際の写真や映像を交えながら、難民・移民の現状をお話しされた。難民船から救助の要請が入ると、激しく無線が飛び交う。“What is your position? What is your position?”今にも転覆しそうなゴムボートに乗った、難民の位置を確認する救助隊員の声が響く。「人の命が危機にさらされた時、私はできること全てを試みたい」。難民の人々を救助し続けるその理由を、セレリ氏は素朴に語られた。

日本と移民

かつて日本も、多くの移民を海外に排出した。明治初期、開国による経済構造の変化や極端なデフレ政策による不況から、失業と貧困が蔓延し、多くの人々が富を求めてハワイ、アメリカ、カナダなどへ渡った。しかし、一九二四年にアメリカで排日移民法が制定されると、代わってブラジルやペルー、メキシコ等への移民が盛んとなった。特にブラジルへの移民は、一九〇八年の第一回移民船「笠戸丸《かさとまる》」に始まり、大戦中・後の中断を除き、一九六〇年代までに約二十五万人の人々が海を渡った。現在、東海地区に在住する日系ブラジル人、日系ペルー人の多くは、日本人移民だった祖父母や両親から日本のことを学び、憧れを抱いて来日した子孫たちである。

「多文化社会」日本

現在、日本には約二百四十七万人の外国人が在留している。愛知県は、東京に次いで外国人住民が多い県である。また、在日コリアン（朝鮮籍・韓国籍）、中国帰国者、アイヌ、そして沖縄の人々もまた、日本社会の構成員である。

二〇一六年六月十二日に帰天された元沖縄県知事（一九九〇―一九九八年在職）の大田昌秀先生が、大切なことを教えてくださった。大田先生は、沖縄戦で「鉄血勤皇隊」として沖縄の惨劇を目撃した歴史の証人である。そんな先生が教えてくださったことは、相手を同じ人間として預かる、という姿勢である。沖縄では他人の不幸や苦境を見ると、「肝苦さ（ちむぐりさ）」＝「自分の胸が痛む」と言うそうだ。また、苦境に立たされた人を互いに助け合う「結まーる（ゆいまーる）」という習慣があるという。

移民・難民を考えることは、私たちの日常とかけ離れていることに感じるかもしれない。しかし、「移動する民」、また「困難を経験している民」と考えると、人間そのものを学ぶ学問だと分かる。だからこそ私は、“What is my position?”と自問し、“My position is on human side”と答えられる学びを、今後も学生と続けていきたい。

お薦めの映画

『海は燃えている―イタリア最南端の小さな島』　イタリア・二〇一六年・ジャンフランコ・ロッシ監督

社　会

哲学・法・ジェンダー

公共政策

国際関係

グローバルビジネス

現代を生きる哲学

高田《たかだ》 康成《やすなり》

「リア充」ヤバイ

このお題は、ご覧の通り尋常なものではない。おそらくその意味は、「現代社会に生きるにあたって求められる哲学」ほどのものであろう。「哲学」というのもまた、本来の学問的な意味ではなく、『広辞苑』に「俗に」と断っていう、「全体を貫く基本的な考え方」ほどのところであろう。つまりは、「現代社会に生きるうえでの基本的指針」について、料理のレシピのごとく簡単明瞭に説明せよ、ということである。

もとよりこれが無理難題であることは明々白々、そしてそのことは、このお題を立てた編集委員の方々も重々承知のはず。となれば、悪い冗談はよしてくださいと応じる代わりに、どうせ無理と明らかであるからには、無謀に立ち向かうしか道はない。

さて、お題にある「哲学」は、ほとんど意味がないと知れたので、問題は「現代社会」ということになる。そこで「現代社会」を特徴づける一番顕著な事態はなにか、と問うてみるならば、「グローバルなインターネット状況」だということでまず異論はないだろう。若い学生諸君にしてみれば、日々どっぷりと浸かっているメディア空間ゆえ、ことさらこの状況を反省的に考える機会はないかもしれない。しかし、現在、わたしたちが人類史に稀にみる一大変革の時代に遭遇しているという認識は、おそらく間違いない。

では、その「グローバルなインターネット状況」とは如何なるものか。これも巷《ちまた》によくいわれることだが、「VR（ヴァーチュアル・リアリティ）」の次元における「地球規模の同時性」というのが、最大の特性だとして間違いではなかろう。

「VR」といい「地球規模の同時性」といい、ともにすでに手垢のついた言葉だが、その指し示す現象は前代未聞、きわめて意味深長である。

「リアル」という困った言葉

たとえば、インターネット・スラングに「リア充」というのがあって、試みにグーグルと、「実際の現実の（リアル生活）が充実している人間のこと」とある。要するに、人間関係における充実感を味わうことにほかならないようだが、局外者の観点からすると、なぜことさら「リアル」が強調されるのかが不思議でもある。

「実際の現実の（リアル生活）」という、ほとんど支離滅裂としか思えない説明は、はたして何をいおうとしているのか？ 局外者の勝手な判断で恐縮だが、これすなわち「ヴァーチュアル・リアリティ」に相違ないと断言したい。インスタグラムをインターネット上に載せて、多くの「いいね」を獲る快感、これがおそらく「リア充」の典型例だとすれば、そこにおける人間関係というのは、これまで人類が経験してきた人間関係とは、およそ異質なものといわねばならない。

突如、（俗でない方の）哲学的な話で恐縮だが、「リアル」という言葉は困ったもので、あるときは「（時空を超えた）超越的絶対性」の方向を指すかと思えば、またあるときは正反対の「（時空の制約を受けた）個別具象事象」の方向を指す。キリスト教の唯一絶対の神が信じられていた時代には、「リアル」は超越的であったし、逆に近代後期に写実主義（リアリズム）的世界観が台頭すると、「リアル」は個別具象的になった。

両者の別を翻訳では「彼岸」と「此岸」の対照でいうこともある。このような「リアル」概念の歴史的観点からしても、すでにわたしたちの生息する「VR」の次元は、その良し悪しは別として、歴史に時期を画すものといえるだろう。

現代社会にあっては、このVRの次元がもたらすさまざまの「関係」について、行住坐臥《ぎょうじゅうざが》つとめて意識的であることが、おそらく大事なのではあるまいか。

家族と法

「家族とは」を通して法と社会を学ぶ

宮川《みやがわ》 公平《こうへい》

集団、両親兄弟姉妹、夫婦関係、温かい、支え合う、一緒に生活、しきたり、血縁関係（血がつながっている）、結びつきが強い、戸籍、子ども、くつろぎ、助け合い、ペット、信頼、似ている、けんかする、ごはんを一緒にする、オレンジ色、生活の基本単位、身近、切っても切れない関係、憎悪…。

とつぜん何事かと思ったかもしれない。これらは、受講生に「家族についてどんなイメージを持つか」というアンケートをとったものの中から拾い出したものである。具体的なものから抽象的な表現まで、様々に「家族」を表現しているのが分かる。しかしそのイメージは、個人の体験に基づく差異はあるものの、「親や兄弟姉妹などの血のつながりだけでなく、一定の精神的・情緒的なつながりがある人の集団」のように、ある程度まとまったイメージがあるように思われる。

他方で養子や奉公人など、古くから血のつながりがない人を家族として迎え入れること、あるいは絶縁や勘当のように、家族であったものを排することは、多くの社会で認められてきた。科学技術やジェンダーなど、性に関する研究などの発達や社会生活の多様化にともない、現代社会は家族についてさまざまな点で既存の価値観、すなわち家族観の見直しをせまるような現象に直面している。遺伝子診断に基づく親子関係の不存在の認定を求める訴訟、凍結保存精子・卵子を利用した生殖に基づく子との親子関係、ＬＧＢＴＱの問題、ひとり親家庭など、現象は多岐にわたる。こうした社会的状況を踏まえた本講座の主眼はどこか。

この講座において、「在るべき家族像」を一方的に語るつもりはない。そして、「家族法を中心とした民法体系」を学ぶことに主眼を置くものでもない。

むしろ、「社会はいまどのような状況にあるのか」「なぜ家族像が変容しつつあるのか」「その背景は何か」「家族に関する法（民法に限らない）はいまの社会状況を十分に反映できているか」「なぜそのような法が維持されているのか」「法の改正・新たな立法は必要なのか否か」など、現代社会の家族像の背景をさぐるとともに、法の役割・機能を分析しつつ、家族とそれに伴う法の在り方を考えることに主眼を置く。

重要な事件や判例などを検討することもあるが、民法の家族法体系の在り方や、判例をどう解釈していくのかなど、法学の理論・解釈研究に重きをおいたものではない。むろん、そうした研究の蓄積が判決動向に少なからず影響を与えていることも確かであり、社会的に大きな意義があることに異論はないが、その研究の主たる担い手は法学部の学生たちにお任せしよう。

「家族と法」は、本学の学生にとっては「教養としての法学」である。したがって、グローバル化が進み、国際社会との接点が拡大する現状に直面する一方で、少子高齢化や労働人口の減少に直面する日本社会の諸問題に対し、言語能力に加えてグローカルの視点を持ち、柔軟な対応力を発揮していくことが求められる外国語大学の学生にとって、「法学」とは解決策を見出していくための教養の一つとしての位置づけになる。

法は、ある特定社会の、ある一定の価値の下で「正しい」とされるものを明文化したものに過ぎず（その意味で「法は正義である」と表現されることがある）、場所や時代によって価値観が変容するにつれ、法もまた変わらざるを得ない。この講座を通して、「法を学ぶ」ことが単に法技術を習得するということではないこと、さらに「法を学ぶ」者は、社会において変わりゆく価値観に対して敏感でなければならず、そのためには幅広い教養を身につけていなくてはならないことに気づいてほしい。

お薦めの一冊

久田恵『ワーキングマザーと子どもたち』ちくま文庫　一九九七年

国際関係　哲学・法・ジェンダー
グローバルビジネス　公共政策

法と国際社会

グローバル社会でたくましく生き抜くために

小林《こばやし》　洋哉《ひろや》

空を飛ぶ夢をよく見た少年時代。鳥のように自由に移動し、高いところから地上の景色を見渡すことができた。現在は、少年時代のような純真さがなくなったのか、身軽でなくなったのが原因なのか不明だが、飛翔する夢を見なくなった。しかし、社会に出て世間の荒波に揉まれながらも多くの方々に助けられ、物事を全体的に客観的に、冷静に鳥の目をもって見ることの大切さを実感し、法というフィルターを通しながら、鳥瞰図《ちょうかんず》的把握の大切さを熱心に説いている私が、ここにいる。

なぜなら、学習者に、自分自身のためにグローバルな観点から物事を捉える癖をつけてほしいから。すなわち、それが今後ますます進展するグローバル化の波を乗り越える指針となるとともに、法の基本的なことさえ押さえておけば、様々な困難を乗り越えるための大きな力となるのは間違いないから。

「法と国際社会」の講義では、身近で深刻な問題、例えばブラックバイトの問題を、労働法等の問題として観るとともに、グローバル社会における日本の特異性の観点からも観る。そして、法とは何か、グローバルに活躍するさいの法との関係、さらに以下のテーマ等を、グローバルビジネスの観点から鳥瞰図的に、俯瞰図的《ふかんず》に提示することを試みながら、学びの場での相互の意見交換を通した新たな気づき・発見にたどり着くことを目指している。

- 自信を持ってグローバルに活動できる軸を持とう（ルールの軸・羅針盤を身に付ける）
- 法は「グローバルに諸君を護ってくれる武器」（ブラックバイト・ブラック企業対策）
- 世界がもし一〇〇人の村だったら（法意識・契約意識の希薄な日本人ビジネスマン）
- キーワードは「ダイバーシティ（多様性）」（全ての人の中にある素晴らしさの発見）
- お互いの違いを乗り越え皆がハッピーになるための「交渉」（契約交渉・紛争解決交渉）

例えば、グローバルビジネスにおいて日本人ビジネスマンに最も欠けているのは、リーガルセンスとルールの軸である。具体的には、組織の人間関係に縛られ、コンプライアンス（企業倫理・法令遵守）意識レベルが相対的に低いこと。例えば、営業マンのルールの羅針盤たる「フェアで自由な競争をするために何が一番大切であるか見極めるための行動指針」が、個々の営業マンに欠けているケースが散見される。

その結果、全世界で、日本企業がカルテル等で高額な罰金等を課せられ、日本人ビジネスマンが刑務所等に収監される例は、枚挙に暇がないほどだ。新聞報道される日本企業・日本人ビジネスマンによる全世界での不祥事は氷山の一角にすぎず、実際には数えきれないほどのトラブルを全世界で起こしているのが実情である。法は本来、我々を護ってくれるもので、破るものではないのに。

それでは、どうすればよいのか。全世界には星の数ほどの法が存在しており、その全てを理解することは不可能であるし、必要ではない。大切なのは、グローバルに通用するコンプライアンス意識・正義感と、具体的行動指針を鳥瞰図的に理解・習得・実行することである。

お薦めの一冊

渥美育子　『「世界で戦える人材」の条件』　ＰＨＰビジネス新書　二〇一三年

知的財産

知的創造物と営業標識

蕎《そ》麦《ば》谷《たに》 茂《しげる》

時に「画期的なアイディア」が降臨することがある。商品のアイディアだとしよう。信頼できる友人にそれを話すと「素晴らしい」と絶賛。二ヶ月後に売り出す予定で準備を進めていると、一ヶ月たった頃に、その友人がそっくりそのままの商品を売り出した。

なんだ！　自分のアイディアが勝手に使われたという憤り、ビジネスチャンスを逸したという悔しさ、加えて友人に裏切られたという悲しみ……そうした感情に打ちのめされて、もう人間なんか信用しない、今後、「画期的なアイディア」を思いついたとしても秘密にしておこう——と思ってしまう。

実際、人々はそのようにして商品やサービスを生み出し、秘密にしてきた。門外不出とか一子相伝とかいうのがそれで、代々、その家族や限られた人だけに受け継がれてきた。近代的な企業でも、コカ・コーラの成分の配合比率など、かたくなに秘密を守り続けるという方法をとっている場合もある。

ここでちょっと視点を変え、「画期的なアイディア」はどのようにして降臨したのかを考えてみたい。真っ白なキャンバスに突然、降ったように湧いたのだろうか。真っ白なキャンバスでなく既にそこには様々な下絵が描かれていたのではないのだろうか。

人は先人達が描いた下絵、すなわち築き上げてきた知恵や工夫の遺産を学び、そこに自分なりの新たな考えを継ぎ足す作業を繰り返している。そうした行為は創造と呼ばれ、より便利な機能、より高い品質、より安い価格の商品を実現したり、より時代にあった人々の心をつかむ表現を生み出したりしている。「画期的なアイディア」は、発明やイノベーション、文学や芸術として結実するのである。

長い人類の歴史の中で築き上げられたものに比べ、創造されたそれらは、一ミリほどのものに過ぎないかもしれない。が、それが積み重ねられることにより人類は進歩してきた。ということは、創造された「画期的なアイディア」も、できるだけ多くの人に共有されることで、それをもとに新たな創造がなされるのである。ただし、こうした考えは、最初にみた模倣されたくないという個人の感情と矛盾する。

そこで生まれたのが、知的財産という考え方である。創造されたアイディアを、創造した人の財産として認め、一定の期間その財産を独占して使用する権利を、知的財産権として保護しようとするものだ。したがって、他の人がその財産を使用する時は、創造した人の許可が必要になる。すなわち「秘密はオープン。でもマネするならマネーを払って」というわけである。これは同時に、そうした権利獲得をめざす創造的活動を促進することにもなる。

知的財産権は、知的創造物についての権利と、使用者の信用維持を目的とした営業標識に大別できる。特許、実用新案、意匠、著作物などが前者で、商標、商号などは後者である。

特許は、発明である。画期的な新製品とか生産方法、特定の病気に効果がある新薬などがこれにあたる。実用新案は、発明ほどではないが、今までだれもが思いつかなかったアイディアである。朱肉のいらないハンコなどがいい例だ。意匠は、製品の形やパッケージの模様などデザインに関するもの。こうした知的創造物は、他人に権利を主張するためには登録が必要とされる。

一方、著作物は論文、小説、絵画、音楽、映画、写真、コンピュータープログラムなど、思想や感情が表現されたもので、これは権利主張のための登録は必要とされない。発表時点で、権利が発生すると考えられるからである。また商標は、商品や会社のマーク、ロゴ、商品名などである。一方、商号は会社の名前である。

お薦めの一冊
稲穂健市『楽しく学べる「知財」入門』講談社現代新書 二〇一七年

ジェンダー・人種・言語

その可変性を問う学術活動

鶴本《つるもと》 花織《かおり》

男女のあり方や人種に関する認識は、ほんの一〇〇～二〇〇年ほど前までは不変なものとされ、それらを社会文脈的に捉えるという学問的スタンスは存在しなかった。

なので、例えば西洋哲学の三大始祖の一人であるアリストテレス（三八四―三二二 BC）が女性を男性よりも劣等な生き物として定義する際、彼は「四元素間の変換説」という思考枠を用いている。宇宙に存在するすべての物質を「元素」に還元して掌握することができるという今日の「化学」の原則は、古代ギリシャ時代の哲学者たちによって考案された視点だが、アリストテレスは特に、万物は①すべて「第一質料」（prote hyle）に還元でき、②その基本形として「冷」、「熱」、「乾」、「湿」があり、③そのうちの二つが組み合わさって「元素」が形成される、と主張した。彼はさらに、この四つの基本形の中でも特に「熱」が生命の源であり、なので熱を発することのできる生命体が成熟していると主張しつつ、男性は「熱」と「乾」を持ち合わせており、女性は「冷」と「湿」を持ち合わせている生き物である――つまり、生命を育む能力を欠く未熟な肉体である――と断定した。

今日の日常感覚からすれば、アリストテレスは実に奇妙なことを言っていたということになろうが、キリスト教的神がアダムを自らの姿を模して作ったのに対し、イヴはアダムのあばら骨一本から作られた、という創世記の物語からも垣間見える通り、西洋思想は何千年もの間、男尊女卑という感覚そのものを疑問視することはかったのである。

さて、この男性優位説が西洋社会で用いられる言葉遣いにも反映されていることを鮮やかに指摘したのは、第一期フェミニズムの騎手、メアリ・ウルストンクラフト（一七五九―一七九七）や、第二期フェミニズムの代弁者、シモーヌ・ド・ボーヴォワール（一九〇八―一九八六）であったし、また、同二期の運動家として活躍したグロリア・スタイネム（一九三四―）は、それまでは「Mr」、「Mrs」と「Miss」という敬称しか存在しなかった英語に、女性が未婚なのか既婚なのかを表さない「Ms」の使用を一九七〇年代以降に広めていった。

そして、このようにフェミニズム運動が男女の認識を可変的なものとして捉え直す只中で誕生したのが「ジェンダー」という用語である。イギリスの社会学者、アン・オークリー（一九四四―）は、一九六九年に博士論文を発表し、それまでは単なる文法用語であった「ジェンダー」という言葉を「文化的・社会的性差」と定義しなおし、男女のあり方やその認識が可変であることを言語の中に刻み込んだのだ。

二〇世紀後半には、「知識」が歴史的に変化するということが、フェミニズムのみならず哲学や社会科学全般のなかで盛んに語られたのだが、この一連の研究活動の中でも特に先駆的存在だったのが、フランスの社会学者、ミシェル・フーコー（一九二六―一九八四）である。彼は、一夫一婦制は国家経営をしやすくするための国家装置であり、それに基づいた家庭生活を脅かすような性欲が、一九世紀のヨーロッパにおいて「問題」として盛んに語られるようになっていったさまを、例えば描き出した歴史社会学者である。

なにを「真実」とするのかは時代によって変化し、その語りの変化を文脈的に読み解いていくことを趣旨とするフーコー的な研究アプローチは、人種にまつわる「真実」の歴史的編成を解くためにも用いられた。その中でも最も著名な研究書がエドワード・サイード（一九三五―二〇〇三）著の『オリエンタリズム』（一九七八）であろうが、アン・ストーラー（一九四九―）の『人種と欲望の教育』（一九九五、原題：*Race and the Education of Desire*）も、階級と人種にまつわる知識の一九世紀における交差を鮮やかに描いている名著である。

このように、ジェンダーや人種に関する認識が可変であるという感覚にのっとって、その言説を精査する学術活動の歴史は比較的浅いのだ。

人権と倫理

「権利」って何だろう

真田《さなだ》 郷史《さとし》

人権とは、人が生きていく上で必要とされる、それゆえに、社会によって認められ護られるべき基本的な権利のことである。講座では、社会の中での人権のあるべき姿を具体的な場面の中で模索していくが、その前に、そもそも「権利とは何か」というお話を少ししてみたいと思う。

それは私の権利だ、と言う。例えば、将来何になるかは僕自身の問題で、親が勝手に決めることじゃないと啖呵《たんか》を切る時、人は誰でも自分の人生を自分で決めてよい、と考えている。つまり、人には自分の人生を自分で決める権利がある、ということ。これは、自己決定権という比較的新しい権利の一つである。「新しい」と言うのは、現在我々が当たり前に思っている権利でも、そんな権利は昔はなかったということが大いにあり得るからだ。つまり、権利というものは時代によって、あるいは国によってあったりなかったりする。権利は時代や国によって変化するのである。

ところで、私にはそうする権利があるとか、その権利を持っているのは私だとか語るのは、別に不自然な表現ではない。しかしよく考えてみると、その言い方は、私には手足があるとか、この時計の持ち主は私だとか語る時とは、決して同じではない。なぜなら、権利があり権利を持つということと、手足があり時計を持つということとでは、「ある」「持つ」という言葉の意味が違うからである。権利は手足（身体）や時計（モノ）のように、あったり持ったりすることができない。つまり、権利がある・権利を持つと言うが、その「ありよう」は身体やモノのそれとは全く異なる。言わば比喩なのだ。では、権利がある・権利を持つとは、どういう意味なのか。結局のところ、権利とは何なのか。

結論から言えば、権利とは一つの「考え方（概念）」である。つまり、ある人があることをするかしないかについては、その決定（決断）を本人に任せてよいと考える、ということである。そう「考える」のは誰か。それは、その人が帰属している社会である。したがって、権利という考え方は、ある人とその人が帰属している社会との関係の上に成り立っている、と言ってもいい。言い換えれば、権利とは、社会がその社会の一員である個人に対して、これこれに関してはあなたは自由に振る舞っていいと認めている、ということなのだ。例えば、所有権という権利で言えば、これはあなたのもの（所有物）だから、どう扱おうとそれはあなたの自由、あなたにはそうする権利がある、という意味である。

ここで重要なのは、この権利は所有者であるあなただけに認められたものであるから、あなた以外の人があなたに無断でどうこうしたら権利の侵害になる、社会はそれを認めない、という意味がそこには含まれている、ということだ。このように権利とは、社会が個人に与える行為の自由であると同時に、当人以外の人に対しては、それを妨げないよう義務づけるものでもある。したがって、私が私の権利を主張するということは、同時に、私以外のすべての人々に対して、それぞれの人の権利を妨げないという義務を私が負う、ということでもある。

社会によって私の権利が護られている限り、社会の一員としての私は、すべての他者の権利を護らなければならない。つまりは「お互い様」なのだ。権利という考え方は、そうした社会的ルールの上に成り立っている。自分の権利には敏感で、他者の権利には鈍感、それが人間の常かも知れない。だからと言って、他者の権利を侵害すれば、それはルール違反になる。

しかしそんなことを言っていたら、何も主張できなくなるのではないか。そう、そこが問題なのだ。権利をめぐる厄介な問題の一つは、時として権利と権利がぶつかり合う、という事態になる。例えば、先に挙げた「僕の人生は僕が決める」という例にしても、この「僕」が未成年の場合は、自分の人生であってもそうそう自由に決められる訳ではない。親の側にだって、自分の子どもを養い育てる権利というものがあるからだ。この場合、子どもの権利と親の権利がぶつかり合っている。そういう場合どうするか。それを考えるのがこの講座の目的である。

お薦めの一冊
加藤尚武　『応用倫理学のすすめ』　丸善ライブラリー　一九九五年

現代政治

世界の価値観、秩序を揺さぶる混迷

小《お》野《の》 展克《のぶかつ》

「民主主義は最悪の政治形態だ。ただし、これまでに試されたすべての形態を別にすれば」

現代の政治を見渡すと、イギリスの元首相チャーチルの皮肉めいた言葉が、あらためて不気味な精彩を放ち始めたことに気づくだろう。

民主主義、自由貿易主義、言論の自由。今、我々が素朴に信じていた価値観が揺らぎ、既存の政治的、経済的な秩序が浸食され始めている。

「米国第一主義」を掲げる米トランプ政権は、二〇一八年三月、鉄鋼とアルミニウムに高関税を課す輸入制限を発動、自由貿易の旗振り役だったはずの米が保護主義へと舵を切った。大統領選中に北大西洋条約機構（NATO）に対し、「時代遅れ」など挑発的な発言をしてきたトランプ氏は、NATO諸国に負担増を要求するなど、米欧を軸とした西側の同盟国が解体に向かう懸念すら出ている。

移民排斥による雇用や治安の回復を掲げるトランプ氏は、米国内にも大きな亀裂を生んだ。ただ民主的な大統領選のプロセスを経て、トランプ氏が大統領に押し上げられた要因に、格差社会の中で経済的な苦境に直面する白人労働者が含まれていることには注意が必要だろう。

一方、中国では国家主席の任期がなくなり、習近平国家主席は二十三年以降も続投が可能になった。複数政党制による選挙を実施していない中国での長期政権は、強権化への懸念を生む。習氏の領土的な野心や経済的な覇権志向は、トランプ氏の米国第一主義との衝突が心配される。

さらにロシアのプーチン大統領も、二十四年まで大統領の座を確保することを決めた。しかし、反対派への圧力や国営企業などを総動員した、不透明なプーチン支持工作を指摘する声も出ている上、諜報機関員の問題をめぐって米欧との関係がぎくしゃくしている。

そして日本でも、森友問題で民主主義の基盤を揺るがす、公文書の改ざんが発覚した。内外に課題が山積する安倍晋三首相の足元もぐらついている。

「この十年は秩序の見えない混沌の時代が続く」

世界をけん引する指導者がいない「Gゼロ」世界を見通したイアン・ブレマー氏は、こう指摘した。世界の価値観や秩序を揺さぶる混迷は、簡単には収拾しそうにない。

さらに、民主主義の成立に不可欠な自由な言論を支えるマス・メディアにも不信の目が向く。フェイスブックやツイッターなどのソーシャルメディアの興隆は、ニュースの在り方にも変化を突き付けた。ソーシャルメディアを経由して「ローマ法王がトランプ候補を支持した」といったフェイクニュース（嘘ニュース）が世界中に拡散。トランプ大統領の誕生に一役買ったとの分析が出る一方、トランプ氏は自身に批判的なマス・メディアを「フェイクニュースだ」と攻撃する皮肉な現象まで起こっている。日本でもマスコミ批判をよく耳にするようになった。ただ理由を問うと「安倍政権批判ばかりでは駄目だ。何でも批判では社会は良くならない」「なぜ、もっと安倍政権を批判しないのか、癒着しているのか」という正反対の指摘が混在している。

オックスフォード大の、ロイター・ジャーナリズム研究所の二〇一七年のレポートは、世界的にメディア不信が拡大している背景を、主要メディアの報道が偏っているとみなされていることに加え、「根深い政治の分極化がある」と指摘した。

一方で、新聞通信調査会の二〇一七年の調査では「政府が国益を損なうという理由でメディアに圧力をかけるのは当然だと思うか」との質問に、「思う」と答えた人の割合が十八〜十九歳の若い世代で突出して高くなり、四十六％に達した。これを、どう読み解くべきなのだろう。

政治とマス・メディアは互いの変容が複雑な増幅効果を生み、予想外の変化を世界にもたらしつつある。そして世界中に遍在する格差や不満が、民主主義や自由貿易といった基本的な価値観すらも不安定にしている。今こそ、我々の知的な営為が問われているのだ。

お薦めの一冊

林香里『メディア不信』岩波新書 二〇一七年

ナゴヤ学

名古屋文化に息づく武士の精神　―ナゴヤ学とツーリズム―

蔵田《くらた》 敏明《としあき》

海外から日本へ来た旅行者は、おおかた神社仏閣へ観光する。寺といえば、だれもが京都や奈良を思い浮かべる。しかし、文化庁の調べによると、日本で最も寺が多いのは、名古屋のある愛知県が一位で、四六〇三ヶ寺である（平成二十五年）。一概に寺院数といっても、仏教伝来の奈良と、平安貴族による浄土教の隆盛、さらに臨済禅の本山がある京都とでは、寺の成立ちが違い、単に数量で比べるのには無理があるが、それにしても、なぜ名古屋周辺に寺が多く建立されたのか。

その理由は、戦国時代から江戸時代への転換期に遡る。江戸幕府を開いた徳川家康が、西国を抑えるために東海道の要衝地として名古屋城を構えたことによる。慶長十五年（一六一〇）に加藤清正、福島正則、前田利常をはじめとする全国の諸大名に命じて建造されたのが名古屋城であった。寺は武家の宿所としての役割を果たしていたのである。名古屋城は勇壮な平城で、城郭建築の中では国宝第一号であった（惜しくも一九四五年、戦禍に遭い焼失）。

もとより愛知県は、尾張と三河からなる。隣合っていても、食文化も風習も尾張と三河では大きく違う。それが〝名古屋〟という括りで現代人に認識されているのは、徳川家康が為《な》したことである。岡崎城（三河）で生まれた家康が、名古屋城を建城するにあたり、清須（尾張）から町をまるごと遷府させた。この「清須越し」が、いまの名古屋文化を生んでいる。

味噌カツ、味噌煮込み、〝名古屋めし〟は家康ゆかりの味

最近話題の〝名古屋めし〟は、なにかと味噌が使われる。八丁味噌という独特の赤みそである。三河名物で、岡崎城から西へ八丁（八七〇メートル）行った村で作られていたことから名付いた味噌である。家康の生誕地の名物であるが、今や名古屋の味である。

ほかにも、味噌煮込みに使われるきしめんも、名古屋城築城に深く関わっている食べものである。関西のうどんとは違い、平たく伸ばしたきしめんは、茹でる時間が短縮できる。土木工事の現場で、短時間で職人たちの腹を満たすために考えられた合理的な食べものなのだ。

名古屋の名菓であるういろうも、江戸時代に名古屋城下で作られたことが現代にまで通じている。なにしろ家康の好物に生せんべい（知多半島名物）というものがあり、ういろうを熨したような素朴な菓子は、ういろうの原点のようにいわれている。

名古屋城を拠点に、徳川家康の好みが、そのまま名古屋文化として発信されている。

名古屋人は見栄っ張り?! 派手な婚礼のお披露目

名古屋の風習で、他府県の人たちが驚愕するもののひとつに、結婚するときのど派手なお披露目がある。嫁いでくる花嫁さんの婚礼道具を、町内の人たちが見聞にくる。むかしは屋根の上から菓子などをばら撒いて、町内の人々がそれを貰い受けたという。嫁入り支度に何千万円もかけて豪華な結婚式を行った。紅白の幕を張った婚礼道具運搬専用のトラックがあり、そのトラックを見ると、だれもが道を譲ったという。バックをすると〝出戻り〟に通じて縁起が悪いので、婚礼トラックを優先させた。

なぜ、婚礼道具を隣近所に見せびらかせなくてはいけないのか。名古屋人は見栄っ張りだからか。否、これもまた戦国時代からの生き抜く術なのである。名古屋は、織田信長、豊臣秀吉、徳川家康と縁の深い土地である。さらに江戸時代は御三家のひとつ尾張徳川家の居城であった。つまり武士の精神が擦り込まれた土地柄である。そこへ新参者が入って行くには、まず自分が無害であることを、開けっ広げに示さなければならない。新たに嫁入りする者もしかりである。加えていうなら、名古屋人は普段は質素に暮らしていて、ハレの日に見栄を張る。婚礼がまさにそうである。これもまた武士の世から受け継がれたものである。

日本人も誤解している、世間で好き勝手に言っている名古屋感は、正しくない。その土地に根ざした風習、文化は、その土地の歴史に裏打ちされている。なんとなく当たり前に暮らすのではなく、「それはなぜ?」の問いかけからツーリズムを学んでいく。

国際関係　哲学・法・ジェンダー
グローバルビジネス　**公共政策**

地方自治と地域コミュニティ

「広場」のない日本の可能性とは

城月《しろつき》　雅大《まさひろ》

地方自治とは、ごくかんたんにいえば「自分たちの住んでいる地域は、自分たちで責任をもって運営すること」だ。このために都道府県、そして市町村などの「地方自治体」が存在し、住民は自らの意思を反映させるのに、選挙を通じて首長と、首長の行政運営を監視する市町村議会議員を直接選んでいる。これが、いわゆる二元代表制とよばれる日本の地方自治の形である。日常的に聞かれるこの「地方自治体」という言葉。実は、日本のどの法律にも明記されていないものなのだ。都道府県や市町村といったいわゆる地方自治体は、法的には、「地方公共団体」と言う。この地方公共団体の役割などを定めた法律が、「地方自治法」である。次の文言は、地方自治法の第一条の条文。

「この法律は、地方自治の本旨に基いて、地方公共団体の区分並びに地方公共団体の組織及び運営に関する事項の大綱を定め、併せて国と地方公共団体との間の基本的関係を確立することにより、地方公共団体における民主的にして能率的な行政の確保を図るとともに、地方公共団体の健全な発達を保障することを目的とする。」

条文の冒頭に登場する地方自治の「本旨」、言い換えると「真の目的」。これまた、法律のどこにも明文化されていない。「地方自治の目的」、そして「地方自治法」が存在しながら、「地方公共団体」と記述され、広く定着している「地方自治体」という用語……本当に、私たちの住む日本では、それぞれの地域が自らの意思によって「自治」できているのだろうかと、少し不安を感じてしまう。この不安の根源を探るには、日本における民主主義の確立の過程、地方自治の歴史を紐解くこと必要があるが、ここでは言及できない。ただ、一九九九年（平成十一年）に、いわゆる「地方分権一括法（簡単に言えばもっと地方の力を強くすることを目的とした法律のパッケージ）」が成立したという事実、国政選挙のたびに「地方分権」が選挙公約に掲げられる事実から、国と地方のこれまでの関係性を推して知るべし、とだけ加えておきたいと思う。

海外に関心のある読者の皆さんの中には、ヨーロッパなどの美しい街並みに心惹かれる方も多いかもしれない。壮麗な建築、統一感のある街並み、そして、多くの人が集う広場など……広場といえば、世界一美しい広場とも評されるヴェネツィアのサン・マルコ広場が有名である。特に、ヨーロッパでは広場は今でも市民にとって欠かすことのできない憩いの場、祝祭の場だ。

こうした広場は、古代においては、市民が集い、議論を戦わせることで政治に直接参加する場であり、中世などには、為政者にとっては自らの意見を表明する場、時には、犯罪者や反体制派の人物を見せ物的に処刑する場としての役割も持った。広場は、単なる「空間（Space）」ではなく、政治的にも、市民の日常生活においても欠かすことのできない、特別な意味をもった「場・（Place）」であり続けてきたのだ。

ひるがえって、現在の日本について考えてみたとき、私たちはこうした「広場」を持っていると言えるのだろうか。日本の場合、計画的に広場が作られるようになったのは、都市計画上、「都市施設」として位置づけられるようになってからのこと。むしろ、「井戸端会議」に代表されるように、井戸や道端といった住民たちの生活必需空間が「広場」化し、大げさに言えば自治の場となり、地域コミュニティを形成し、機能させていた。その意味での「広場」、そして、「地域コミュニティ」が失われようとしているのが現在である。本来、地域コミュニティが担っていた事柄の多くが外部化された現代において、もはや、古き良き時代の同質的で運命共同体的な地域コミュニティを望むことは難しいかもしれない。その代りに、多様性と自主性を前提とした「ノード（結節点）」型のコミュニティが、地域やネット上には生まれている。

従来の地域コミュニティは、いわば良きにつけ、悪しきにつけ「常時接続型」のコミュニティだった。東日本大震災では、多くの情報や物資のやり取りがオンライン上の「ノード型」コミュニティの間で、自己増殖的に行われた。この事実は、これからの地域コミュニティのあり方を示唆しているように思えてならない。

医療福祉

新しい医療と公人福祉

福田《ふくだ》 眞人《まひと》

福祉はなぜ必要か

人は生まれ、成長し、老い、病に罹《かか》り、死ぬ。その過程では、医療も福祉も不可欠である。福祉の基本は、人々が平等に慈しみ、愛しまれながら、この世の中で生きることができることである。そのための援助や支援、保護が必要であろう。

もっとも分かり易い言葉で言えば、看護と養護と介護である。

結婚あるいはパートナーとの生活、妊娠、児童の出産（誕生）、児童の育児、成長、教育、就職、労働、退職、引退、余生を送る、という大きな人生のサイクルの中で、健康と長寿を保証され、活《い》き活《い》きと生きることほど素晴らしいことはないのだが、人生には必ず障壁があり、障害がある。それは疾病ということもあれば、身体的・精神的障害を負うという場合もある。それらに対処するのに、家族、同族の支援だけでは困難が伴うことが多い。社会的に支える福祉のシステムが必要であるし、そこに医療が伴う場合、特に社会制度が整えられている必要がある。

生まれながらの障害、老いる事のための障害も避けがたい。それら、生まれながらか後天的に障害を持った人、老いた人（動けない、手足など身体の自由が効かない等々）、認知症（アルツハイマー症）に罹《かか》った人たちに、手を差し伸べるのが今日の社会の通例である。

医療はなぜ必要か

医療は、必然的に福祉に不可欠な要素である。しかし、ただ単に医療を施せばいいというものでもない。福祉の視野から見えてくる新しい医療を提供することもまた重要と言わざるを得ない。どのような医療が提供できるかは、医学の発達と医薬の格段の発見、開発のために大きく変わってきた。それどころか、予防医学的見地から遺伝子治療さえできる時代がやって来た。身体的障害にも、補助器具や義肢（義指・義手・義足）の制作技術自体が格段の発達を遂げて、その機能もその外面も、自然のものと大差ないものにまでなってきた。パラリンピック選手の活躍でも、新しい時代の到来を感じさせる。

こうした医療福祉的措置も、単に障害者への補完的機能を与えるものであるばかりではなく、さらに美的心理的作用さえ持つ。つまり、医療福祉は、健康で安全な生活を保証するものであるばかりか、より積極的な意味をも帯びるに至ったのである。それは、人生を精いっぱい生き抜く手立てを講じているということである。

医療福祉の幅

実は、医療福祉の領域は幅が広い。

人が誕生する前の、妊娠―出産の過程でも不可欠の働きをするし、また児童の成長、生育過程でも、補助支援においては、教育と並走しながら、やがては人間の一生に寄り添うものとなる。妊娠している女性（妊婦）の存在から、出産、育児とその後の人生のサポートは続く。産婦人科学の発達は、そのまま医学の発達、衛生学の発達と無関係ではない。まさに、それらすべての総合力が試される分野である。

思わぬ疾病に出くわしても、病院、診療所、保健所の活動は、揺るぎなく地域社会を覆っている。健康保険制度が充実している国においては、医療は当然の権利として享受される。自宅からの通院加療に加えて、入院、手術という選択も制度的に保証されている（日本が国民皆保険制度を取っていることは、社会保障の制度が隅々にまで渡っていることを示している）。

身体的障害を持っているために、人は養護を受ける必要がある場合もある。医学的治療を受ける場合もある。それは、精神的障害を持っている場合も同様である。

身体障害者の支援もさることながら、老人介護は、あまりこれまで人々の意識に上ってこなかった。老人介護は、高齢化社会を迎えて、とりわけ重要な医療と福祉の一端である。老人学の発達と共に、老人の身体的変化、精神的変化の双方の面からの研究が盛んになっている。医療福祉の守備すべき範囲は、限りなく広がっていることになる。

社会政策

移民、貧困、ジェンダーを考える

奥田《おくだ》 隆男《たかお》

現代の社会政策を考える場合、やはりG・エスピン・アンデルセンの『福祉資本主義の三つの世界―比較福祉国家の理論と動態』（岡沢憲芙・宮本太郎監訳、ミネルヴァ書房、二〇〇一年。原著は一九九〇年）が気になる。原著は二十八年も前のものだが、その議論は今でも参考になる。エスピン・アンデルセンはこの中で、福祉国家レジームという概念を提起し、それを保守主義レジーム、自由主義レジーム、社会主義レジーム（正確には社会民主主義レジーム）の三つの類型に分けている。ドイツ、アメリカ合衆国、スウェーデンが各レジームの代表例である。日本の社会政策を考えるうえで興味深いのは保守主義レジームに関する議論で、このレジームでは福祉負担の多くが家族にかかっているとしている点である。ドイツの話なのだが、日本も同じである。介護や子育ての問題が社会政策や社会保障の問題だといいながら、それらを社会全体でケアする形に十分にはなっていない。介護や子育ての問題に直面して、女性が仕事を辞めるといったことが多く起こっている。ドイツと日本が似通っているのではないか、そう考えた時に思い浮かぶのは、エマニュエル・トッドの『移民の運命』(石崎晴巳・東松秀雄訳、藤原書店、一九九九年。原著は一九九四年)という書物である。トッドはトルコ人移民が現在のドイツ社会になかなか受け入れられない状態を「権威主義的差異主義」によるものだとし、その源を、ドイツの、長男が家や財産を相続する「直系家族」的家族類型に求めている。日本も同じだという。長男が親の財産をほとんど相続できるということは、生まれによって権利に差があるということを認めていることになる。「生まれによる差別が当然だ」という考えの延長線上に、民族・人種間の差別も当然だという考え方が生まれる。ナチス・ドイツによるユダヤ人ホロコーストもそうして起こったのだ、という。

トッドの視点を取り入れると、日本における社会政策の問題も理解しやすくなるかもしれない。「生まれによって差がある」状況は、人種・民族間だけでなく、ジェンダー間にもある。ドイツも日本も、伝統的に男女の性別役割分担を重んじてきた。男性は仕事をし、女性は家事・育児に専念する。こうした役割分担のもとでは、社会保障や社会福祉の分野とされてきた子育て、介護などは、女性の仕事になる。つまり女性の居場所たる家族が負担するものだ、ということになる。日本では戦後の高度経済成長期に確立したこのパターンが、現在でも形式的には維持され、社会保障の負担が家族に覆いかぶさってくるという事態が続いている。いやむしろ、家族の負担はもっと強まっているといった方がいい。

典型的な例が教育である。たとえば、大学生のブラックバイトや奨学金問題の根源には、学費の問題がある。バブル崩壊以降、家計収入は減少しているにもかかわらず、大学の授業料は上がり続け、家計負担は高まる一方である。これを少しでも緩和するために学生は奨学金を借り、バイトにも奔走しなければならない。奨学金で学費を出せたとしても、学生自身の生活費まではカバーできず、自分で稼がなければならないからだ。あるいは逆か。毎月の生活費（場合によっては家族の生活費も含め）は奨学金で賄《まかな》い、学費はバイトによる預貯金で払うというべきか。

しかし、こうして苦労して得た大学卒業資格は活かせるのか。大学時代バイトに明け暮れ、ろくろく勉強しなくても大学は卒業できる（結構ある）。それで社会人たる実力は備わるのか。そうは思えない。すると、就職活動で不利な状況に置かれ、条件の悪い会社に就職するか、場合によったら正社員になれないかもしれない。すると奨学金による莫大な借金はどう返すのか。こうした問題は個々に考えるべきものでもあるが、家族構造への視点はやはり必要だろう。実際には、未婚率（非婚率）の上昇、離婚の増加など、家族の姿は変わってきている。しかし、社会政策にかかわる法律、税制などは依然として、かつての直系家族的な「人は生まれによって差がある」的発想にとどまっている。そのズレを直視しないと、問題の根本的な解決には至らないはずである。

お薦めの一冊

宮本太郎『生活保障』岩波新書　二〇〇九年

比較教育制度

国民であり世界市民でもあるアイデンティティ

フィリップ・ラッシュ

日本の学校の教室で座っているとき、他の国の同じ年齢の生徒たちはどんなだろうと、考えたことがないだろうか？　静かに並んで座って、先生の話を聞いているのか？　グループ学習をしているのだろうか？　どんな世界観に触れているか？　教育や文化が、生徒たちの物の見方にどんな影響を与えているのだろうか？

子供にとって、学校は当たり前の存在だ。学校に行く以外の選択肢はない。自由主義世界の国家はすべて、「個人の教育」「個人の権利の尊重」を謳うが、そこには矛盾が付きまとう。多数の生徒に同じ教育を与えるような「多人数集合教育」のシステムにおいて、個人を尊重し、個人を考慮するとは、どういうことなのか？　うまく適応できない、あるいは適応しようとしない生徒をどうすればよいのか？

国家が必要とするのは、国のアイデンティティに強い意識を持った——基本的にその国の国民であることを誇りにする——善良でよく訓練された国民であり、自国で役立つ人材として働くのに必要な、広くて深い一般教育である。グローバル化で国境が見えにくくなるにつれ、「国のアイデンティティ」を構成するものは何かという問題、それを教育課程に浸透させるにはどうすればよいかという問題が、ますます複雑化している。

私が子供のとき、イギリスでは誰もがキリスト教徒だと想定されており、学校でキリスト教の価値観を浸透させることに疑問はなかった。イギリス社会はキリスト教的価値観を基盤にし、この価値観が「正当」かつ「適切」だった。

イギリスがこれほど多文化、多宗教（そして多くの点で宗教心は薄れている）になった現在、教育制度はこの側面を見直さなければならなくなっている。現在のイギリスの教室は、もっと多様な生徒たちで占められているからだ。かつてイギリスに支配され、おそらくは迫害を受けていた国にルーツを持つ生徒は、たとえば歴史の授業で、イギリスがその国を「文明化」したなどという文章を読まされると、どんな気持ちになるか想像してほしい。

EUの急速な成長と拡張で、ヨーロッパ大陸のあり方が一変した。加盟国間の移動の自由が人口動態を変えただけではなく、世界で起こる悲惨な紛争や、劇的な気候変動のせいで、より多くの人が移住を余儀なくされている。ニュースで、死の危険まで冒して国を逃げ出す家族の痛ましい映像を目にする。自分のため、そしてとくに子供のために、より安全で健全な国へと逃げようとしているのだ。こうして変化し、多様化していく国々では、言葉の障害や文化の違いに対応するよう、教育の内容と方法の再検討が迫られている。

最近まで、日本にはこのような問題がなかった。移住は厳しく規制されており、日本語を話さない生徒がクラスにいることは珍しく、ほとんどすべての生徒が同じ文化的背景を持っていた。しかし今では、移住者や混血の子供たちが増加した。彼らは日本の単一言語、単一文化の環境のなかで、自分のアイデンティティに困惑を覚えている。グローバリゼーションにより、日本は世界的展望を広げるように求められているのである。

先入観や偏見を捨て去るのは簡単なことではない。「何にでも疑問を抱け」というのは、西洋の教育で繰り返し教えられる信念だが、それは日本の文化精神にうまくなじまないかもしれない。しかし、どの国も互いに学ぶべきものがたくさんあるだろう。

そして、他国の教育や養育について学ぶことは、プラスにしかなりえないのだ。「正しい」ものの、「間違っている」ものなど何もないとか、何ものも額面通りに受け取ってはいけないなどと若者に教えるのは、教員として最も難しい仕事のひとつである。しかし、若者が国民であり世界市民でもある、という二重のアイデンティティを持っていることを理解させるためには、外の世界から学び、彼らの心を開くように努力しなければならない。

国際関係　哲学・法・ジェンダー
グローバルビジネス　公共政策

世界時事

「常識」から「なぜ」を考える

高瀬《たかせ》淳一《じゅんいち》

「世界時事」では「理解」が大切

人間は何か考えるとき、どうしても「いま、ここ、じぶん」を手がかりにして考えてしまう。友人たちと話していることの大半は「最近自分に起きた出来事」である。友人との日々の会話がもし日韓関係の歴史の解釈やアフリカの飢餓の打開策であったなら、その人はよほど知的な人と言えるだろう。学問はたいてい（つまり、人気の心理学などを除けば）「いま、ここ、じぶん」から離脱することを求めるが、それは知的トレーニングを受けていない人にとっては、けっして容易なことではない。

通常、「時事」が意味するものは、政治、経済、社会の現状についての知識である。スイーツやファッションの流行なども見方によれば時事的なのかもしれないが、「いま、ここ、じぶん」からのかい離が少ないせいか、一般に「時事」とは違うものと考えられている。事実、「流行に敏感な人」と「時事常識がある人」はイコールとは見なされていない。

ちなみに、「時事常識」は「常識」なのだから、ないのが恥ずかしいのであって、大学で学ぶべきものではない。ただし、アメリカ合衆国の大統領の名前が言えることが「常識」であったとしても、なぜその地位にトランプ氏が就けたのかを考えることはきわめて知的な営みである。この解明には、アメリカの政治制度の知識は不可欠だろうし、もしかするとアメリカの政治史を振り返る必要が出てくるかもしれない。考えれば考えるほど「いま、ここ、じぶん」から遠ざかるのだから、これは立派に学問である。

注意しておきたいのは、学びのテーマである「世界時事」は、就職用の「時事常識」を学ぶためのものではない、ということである。この学問が目指すのは、世界各国・各地域の政治、経済、社会の現状について考察し、理解を深めることである。しかも、社会科学の手法を用いるのだから、それを主観的にではなく、客観的に行わなければならない。

面白いことに、このプロセスは最終的には「いま、ここ、じぶん」に帰ってくる。「今の自分には関係ない」と思いながらも中東の政治情勢について学んでいけば、それが原油価格の高騰をもたらし、日本の景気に悪影響を及ぼす可能性に気づく。ということは自分の就職活動にも響いてくるかもしれない、とわかって愕然とする。世界がグローバル化している以上、これは当然なのだが、ふだんはあまりそういうことは考えない。「世界時事」はその意味で、世界の出来事から自分の人生を見直すイメージ・トレーニングでもある。

手始めにニュースを吟味

勉強法だが、「世界時事」なんて新聞でも読んでおけば身につくものだろう、などとタカをくくってはいけない。「理解を深める」には視点の多様性が不可欠となる。記事やニュースに付せられるコメントには、いわゆる「ジャーナリスト」たちの価値観が入っている。衝撃的あるいは娯楽的な素材によって脚色されているものもある。一定の距離を置いて批判的に接していないと、偏見を植え込まれることもある（ネット上のニュース・コメントは特にそうだ）。

そうは言っても、「時事」の性質上、テキストは「本よりもニュース」になってしまう（ゆえに、このテーマについては「お薦めの一冊」はない）。新聞やテレビやネットのニュースを教材にしながら、しかも視点の多様性の確保しようというのは、教える側にとっても学ぶ側にとっても非常にやっかいであろう。

しかも、このテーマでは「知ること」と「行動すること」がリンクしている。「時事」は今まさに起きている状況なのだから、それに働きかける必要を感じることだってある。文字通りのアクティブ・ラーニングと言ってもよい。いずれにしても、単に知識を暗記すれば事足りる学問ではないところが、このテーマのミソでもある。

現代アメリカ

現代アメリカを考えるための、たくさんの「?」

マシュー・ホワイト

あなたはアメリカに、どんなイメージを持っているだろうか?

おそらく、あなたのアメリカ観は、ニュースやテレビ、映画や他のメディアで伝えられるアメリカの話によって作られているだろう。しかし多くの点で、メディアが私たちに与えてくれるのは、アメリカに存在する多種多様な人々、ライフスタイル、思想などをきわめて限定的に、不完全に表わしたものである。現在のアメリカとアメリカ人をより良く理解するには、住む家や家族構成などだけではなく、彼らが生きている価値観を考察し、あなた自身の価値観と一致する部分と一致しない部分を検討するのがよいと思う。以下に挙げるのは、現代アメリカを探究するうえで検討したい価値基準の一部である。

人生における成功は自分でコントロールできるものか、それとも運命によって定められているのか？　日本人の多数派は、この質問にどう答えるだろうか？　あなたと同年代のアメリカ人はどう答えるだろうか？

「変化」という言葉も考えてみよう。「変化」はあなたにとって、ポジティブな響きがあるだろうか、ネガティブな響きだろうか？

多くの文化では、伝統と安定の維持が重要視される。しかし文化によっては、進歩が伝統よりも高く評価され、「変化」はより好意的に受け取られる。多数派の日本人は、「変化」をポジティブに考えるだろうか、ネガティブに考えるだろうか？　多数派のアメリカ人は、「変化」を良いものと考えるだろうか、悪いものと考えるだろうか？

時間に関しても、文化によって非常に異なった態度を示すことが多い。会合やパーティーにかなり遅れて行くのが普通の国もある。別の国では、遅れるのはとても失礼になる。現代アメリカの人々は、時間にどんな価値を置いているのか？　時間に対する態度が、アメリカ人の日常生活でどのように表われているだろうか？　あなたの時間に対する考えや価値観は、あなたの生き方でどのように実践されているか？

アメリカの独立宣言には「すべての人間は平等に造られている」と書かれている。しかし現代のアメリカにおいて、平等はどの程度存在するのだろうか？　黒人と白人は法律上、平等に扱われているのか？　白人と黒人、あるいは男性と女性は、同じ仕事に対して同じ賃金を得ているのだろうか？　これを日本や、他の国々の状況と比較してみようではないか。

あなたにとって、プライバシーの保護はどれほど重要だろう？　どういう個人情報なら公開しても平気でいられるだろうか？　政府や民間企業、ＳＮＳがあなたの情報を集めることをどう感じるか？

三十年以上前、ロバート・コールズという研究者が、アメリカ人にとって重要な十三の価値観を特定した。彼はアメリカ人の判断、行動、態度が理解できるようにと、アメリカに来る人たちにこの価値観を説明した。「変だよ！　なぜそんなことするのだろう？」と思う場合、その答えは、この十三の価値観のどれかに関係したものだった。

しかし、十三の価値観が最初に特定され、説明されたときから、多くのことが変わった。現代アメリカは、過去のアメリカではない。だから、音楽や映画、テレビ番組、ニュース、その他のメディアを使って、アメリカの人々が現在、どんな価値観に沿って生きているのかを確認しなければならない。また、そうした価値観に対する自分自身の態度や意見についても検証し、どれだけその価値観に沿って生きているのかを考えたい。

現代アメリカを旅して、アメリカ人が今日、どんな価値観を持って生きているのか発見しよう。同時に、自分自身の価値観をより深く理解し、日常生活の行動や態度を通じて、自分たちがその価値観の大切さをどのように表現しているのかを理解し、評価してみよう！

国際関係　哲学・法・ジェンダー
グローバルビジネス　公共政策

EU

社会民主主義的成長モデルの将来

井上《いのうえ》泰夫《やすお》

EUと言えば、本書を手にした人は何をイメージするだろうか。世界教養の観点から問うとすれば、資本主義の歴史のなかで、EUが社会民主主義的成長モデルを生み出したという現実が存在する。以下では、この観点から現代世界においてEUが占める位置について考えてみたい。

現代世界のなかのEU

現代世界と言えば、アメリカ合衆国、中国、そしてEUという三つの極を考えることができる。アメリカを支えるパワーは、かつての産業競争力（重工業中心）から金融競争力に大きくシフトしている。中国は巨大な国内市場を抱えており、かつての輸出指向型成長戦略から、国内市場中心の成長戦略にシフトしつつある。これら両極に対して、EUはユーロという共通通貨を生み出すことによって、アメリカドルと中国元に対して対抗しうるパワーを形成している。地政学的には、さらに、これら三極に加えて、日本を含む東アジア、インド、ラテンアメリカ、ロシア、アフリカを考慮する必要がある。ＥＵは、これら多極的な現代世界に対して、経済力だけでなく、政治、外交、軍事を含めて一定の影響力を保持している。

ＥＵの光と影

現代世界においてＥＵがはたしている重要な役割は、ＥＵにおいて実現されている社会民主主義的経済成長モデルに根差している。公的な社会保障制度を充実させることによって、高福祉・高負担にもとづく社会統合を実現したのがＥＵである。もちろんそのなかでも、北欧諸国が中心であり、また大陸諸国（フランス、ドイツ）、さらには南欧諸国、そしてイギリスはそれぞれに固有の社会保障制度を構築している。

国民にとり、一九七〇年代までは、フォード主義的高成長のなかで成長の成果を享受できた時代であった。だが、一九七〇年代半ば以降、石油危機とともに成長が鈍化することによって、ひとたび構築された充実した社会保障制度が、財政危機に揺さぶられることになる。いわゆる福祉国家の危機である。

一定の社会保障制度を維持するためには、税収入の増加か、社会保障支出の削減か、いずれかが必要である。この二つの処方箋《しょほうせん》の間を揺れ動いているのが、一九八〇年代から現在に至るまで共通する状況である。福祉削減と格差社会の進行は、二十一世紀に入ってからEU内部で深刻な問題であり続けている。それでも、社会保障制度がまったく異なるアメリカとは一線を画している。アメリカでは、個人の医療保険が中心である。アメリカでは、大企業による医療保険制度は充実しているが、そうでない人々は、高額の私的医療保険に加入しないかぎり、疾病に関わる負担は全額自己負担となってしまう。この社会的な課題を解決しようとしたのが、オバマ前大統領の医療改革であった。だが、それはトランプ現大統領によって否定されている。

はたして、アメリカ的な自由市場中心の格差社会モデルが、EUにおいても移入され、一般化するのだろうか。

一九七〇年代にさかのぼる規制緩和の大合唱が行き着いたのは、二〇〇八年のリーマンショックであった。金融の自由化を進めてきた規制緩和に大きな疑問が寄せられたにもかかわらず、金融危機以降の新たな成長モデルは出現していない。この歴史的な課題に対して、旧い資本主義を抱えるEUはどう答えるのだろうか。現代世界のなかでEUに関心をもつすべての人たちに、考えてもらいたい論点である。

お薦めの一冊

遠藤乾『欧州複合危機』中公新書　二〇一六年

BRICS

「次なる経済大国」を探る

真家《まいえ》 陽一《よういち》

先進国（Developed Country）と開発途上国（Developing Country）の違いは何だろうか？　この問いへの答えとして、先進国＝進んだ国、開発途上国＝遅れた国とイメージされることが多い。先進国とは経済が発展し、生活水準が高い国とされている。他方、開発途上国は、発展水準を示す指標が先進国に比較して低い国を指すとされる（ただし、実は定義は曖昧で、明確な認定基準がなく、国際機関によって異なることには留意する必要がある）。一般的に、留学したり、仕事で外国に駐在する場合、日本人は先進国に行きたいと思う人が少なくないようだ。

ところで、開発途上国に類似した言葉で、新興国（Emerging Country）がある。開発途上国と新興国の違いは何だろうか？　新興国は開発途上国の一部なのだが、国際社会において、政治、経済、軍事などの分野で急速な発展を遂げつつある国を指す。

それでは、新興国の代名詞とも言える「ＢＲＩＣＳ」という言葉をご存知だろうか？　ＢＲＩＣＳとは、ブラジル、ロシア、インド、中国、南アフリカ共和国の五カ国の、英語の国名をつなぎ合わせた造語である。いずれも著しい経済発展を遂げ、二十一世紀に大きな成長が期待される国々だ。

もともとは米国の投資銀行、ゴールドマン・サックスのエコノミストであるジム・オニール氏によって、二〇〇一年十一月に書かれた投資家向けレポート「Building Better Global Economic BRICs」で初めて用いられ、世界中に広まった（当初はブラジル、ロシア、インド、中国の四カ国でｓは小文字。現在は南アフリカ共和国を加えた五カ国でＳは大文字）。同社のレポートでは、二〇三九年にはＢＲＩＣｓ四カ国の国内総生産（ＧＤＰ）の合計が米日独仏英伊六カ国を抜き、二〇五〇年には国別順位が中国、米国、インド、日本、ブラジル、ロシアの順になると予想されている。経済力に加えて、政治・軍事力で見ても、中国とロシアは国連安全保障理事会常任理事国、インドを加えた三カ国は核保有国と、そのプレゼンスは高い。

ＢＲＩＣＳを学び、グローバルビジネスで活躍しよう

では、私たちがＢＲＩＣＳを学ぶ意義とは何か。それは、世界におけるＢＲＩＣＳのプレゼンスや影響力が近年ますます高まる中、これからのグローバルビジネスはＢＲＩＣＳ抜きでは語れ

ないことが挙げられる。

日本は国内市場が成熟し、飽和している。加えて、少子高齢化の進展に伴う人口減少を背景に、将来的にも市場拡大が期待しにくい。そういう意味で、日本企業が今後生き残りを図る上で、海外市場の開拓は喫緊の課題である。

事実、海外売上高を拡大させていく方針を明確に打ち出す企業が増えている。そして、海外市場開拓の有力なターゲットとなるのが新興国、中でもＢＲＩＣＳだ。日本企業は今、新興国の活力を取り込み、成長戦略を描いていくことが求められているのだ。

ジム・オニール氏は著書『次なる経済大国』（北川知子訳、ダイヤモンド社、二〇一二年二月）の日本での訳書の発刊に当たり、以下のコメントを寄せている。

「ＢＲＩＣｓ四カ国のうち二カ国がアジアにあり、しかも十億人以上の人口を持つ国はほかにはない。日本は、目覚ましい飛躍を遂げつつあるこれらの国々と、どのようにかかわっていくかを考えなくてはならないだろう。（中略）日本が『失われた二十年』を過ごしていた間に、世界はますます成長し、世界経済の勢力図は一変した。本書を通し、日本の読者がこの驚くべき現実を理解し、世界経済成長の一員に加わってくれることを期待してやまない」

ＢＲＩＣＳを学ぶということは、すなわち、私たちが直面する国際政治・経済秩序の多極化という世界的潮流の現局面を理解し、ひいてはグローバルなビジネス社会で活躍するために必要な知識を身に付けていくことにつながるのだ。

国際関係　哲学・法・ジェンダー
グローバルビジネス　公共政策

現代イスラム

学ばれることのないもの

松山《まつやま》 洋平《ようへい》

シリアという国がある。今や内戦の地だ。武装集団「イスラム国」もシリア（とイラク）にその主勢力があった。「シリア＝内戦とテロリズム」というイメージを持つ人も多いだろう。

例えば大学で「現代のシリア」について学ぶとすると、内戦の勢力図や、シリアに潜伏する「テロリスト」について学ぶのだろうか。そのようなことを知れば、シリアという国を「深く知った」ことになるだろうか。

私は学生時代、シリアに留学していた。しかし、「テロリスト」については何も知らない。どういう人達で、どこに潜伏しているのか。そういうことを私は知らない。私はシリアについて深く知らないのだろうか。そうかもしれない。ただ、「何も知らない」わけではない。私にも、シリアと聞いて「想起するもの」はある。

シリアと聞いて想起するのは、たとえばサッカーゲームのモニターだ――

ある日私は、ユーフラテス川を見るために訪れたラッカから、借り家のあるダマスカスに帰るバスの中にいた。途中、アサド湖を観光しようと考えたため、アサド湖方面に行くバスだったと思う。いきあたりばったりの一人旅だった。バスの中で青年と知り合った。彼は私をアレッポにある彼の家に泊めたいと言う。彼はアサド湖までついてきた。私は彼の押しの強さに負け、ダマスカスに帰るのを一日遅らせることにした。誰が困るわけでもない。

田舎の家で、彼の家族の歓待を受けた。見ず知らずの旅人をもてなすのは、アラブでは珍しくない。夜が更けた。私は、就寝前に彼が熱心にプレイするサッカーゲームのモニターを見つめた。「こんなゲームは、アレッポの田舎町には似合わないな」と、ふと思ったのを覚えている。

シリアと聞いて想起するのは、あるいは菓子を乗せた荷車だ――

私が通った語学学校の通学路に、菓子売りの少女がいた。ライラという名前だった。年齢は八歳前後だったろうか。学校へは行っていない。いつも一人でいた。日本円で十円から二十円ほどの駄菓子を、木製の古い荷車に乗せていた。お世辞にも美味しい代物ではなかった。私はそれでも、数え切れないほど彼女からその駄菓子を買った。我慢して自分で食べるときもあれば、人にあげてしまうこともあった。私が通りかかると、彼女は「買ってってってよ！」と笑った。その笑顔は私を元気づけた。今思うと、あの荷車は彼女の体にはとても重かったのではないか。今ライラは――まだ生きていれば――二十歳くらいだろう。

シリアと聞いて想起するのは、あるいは古びた本のかすれた表紙だ――

ある真夜中過ぎ、私はダマスカス旧市街の中ほどにあるウマイヤド・モスクの門番たちと話していた。特別な話題はなかった。「一緒の家に住んでいるドイツ人が酒盛りをしてうるさいんだ」とか、そんなどうでもいい愚痴を聞いてもらっていた気がする。私は、熱い紅茶を分けてもらっていた。私がイスラム文化を学ぶ学生と知ると、彼らの一人がどこからか一冊の本を持ってきて、「勉強の役に立てば」と私にくれた。私は感謝した。

その本は今も私の本棚にある。古びたソフトカバーの本で、水色の表紙が少しかすれている。

一般の日本人の目には、シリアは「テロリズム」と「戦争」で出来あがっている国に映るだろうか。しかし私は、そこに紅茶を入れてくれる門番がいることを知っている。菓子売りの少女、彼女が押す荷車、そこに乗る菓子の味を知っている。サッカーゲームと、それに興じる青年がいることを知っている。こうした日常の細部は、普通は「知識」として学ばれることはない。しかし、私の知るシリアは、「テロリズム」や「戦争」ではなく、そういった「学ばれることのないもの」で彩《いろど》られてできている。日本の大学生が何かを学ぶとき、その学習対象の周りにある、通常は「知識」と名指されないもの、「学ばれることのないもの」も同時に見えるような勉強をしてほしいと願う。日本からは縁遠い「現代イスラム」の勉強は、その良い訓練になると思っている。

お薦めの一冊

内藤正典『イスラームから世界を見る』筑摩書房　ちくまプリマー新書　二〇一二年

国際関係　哲学・法・ジェンダー
グローバルビジネス　公共政策

平和構築・紛争予防

グローバル時代の平和

堀部《ほりべ》　純子《じゅんこ》

なぜ平和構築に取り組むのか

「南スーダンの内戦で死傷者一〇〇名以上――」。この見出しを「パリでテロ――死傷者多数」と同じ衝撃を持って受け止める日本人はどのくらいいるだろうか。

他方で、国連による平和構築・紛争予防の活動を重要と考え、日本は積極的に貢献すべきと考える日本人は少なくないだろう。アフリカの小さな国々で行われる平和構築などの活動を、なぜ日本にとって重要と考えるのか。国連中心だからか。日本は経済大国だから、国際社会の平和に貢献することは当然と考えるからか。では、そうでなくなったら貢献は不要になるのか。

私たちがふだん「当たり前」だと思っている事も、根本から問い直してみると、簡単に答えられないことは多い。「当たり前」の根底には、自分では気づかないうちに、「先進国」という上から目線の考え方、西洋的、または日本的価値観があることも多い。「当たり前」に基づいたやり方では、世界の各地で起こる問題は根本的には解決しない。平和構築・紛争予防の学びは、その問題の難しさとともに、多文化共生、他者理解などの大切さを実感させてくれる。

平和構築・紛争予防について何をどう学ぶのか

「当たり前」を取り除くため、平和とは何か、誰にとっての平和か、主権を持った国に国連や地域機関が介入して活動するのはなぜなのか、どこまで関与すべきか、といったことを根本的に突き詰めて考えてみる。

国連の機能と限界、紛争の背景、地域情勢、社会・文化など、基本知識として知っておくべきことは多い。様々な国々での平和構築の、過去の事例の教訓や、課題を理解しておくことも大切である。

そのうえで、「本当にそうだろうか」「紛争当事者はどう考えるだろうか」など、批判的、複眼的な視点で問い、「正解」のない問題に向き合い、自身が最善と考える答えや解決策を考える――そこに平和構築・紛争予防を学ぶ面白さがある。また、紛争は刻々と変化する国際情勢の中で起こっており、過去のことではない。つまり「生もの」を扱う面白さもある。

そこで重要になってくるのが「現場」である。平和構築の専門家には、「現場」で活動に携わった経験者が多い。外交官、国際機関職員、非政府組織の専門家などである。実際の支援の現場を知らずして、適切な問題解決は図れない。私たちが考える「正義」や「正しさ」に基づく平和を押し付けてもうまくいかないし、長続きもしない。「現場」を知る専門家は、コミュニティの成り立ち、紛争当事者の言い分、現場のニーズなど、そこに腰を据えて関係を構築し、情報収集に努めた上での手当が必要なことを教えてくれる。積極的な多文化理解、そのための教養やコミュニケーション・ツールとしての語学が欠かせない。

平和構築とは、つねに知恵やアイデアを出し合って最善の解決策を模索し、グローバル社会が協力して取り組んでいかねばならない問題であり、そのための人材が必要とされている。自衛隊員や警察官が活躍する治安維持やインフラ構築分野だけでなく、その土地の言語、歴史、文化、多文化理解・共生の専門家など、様々な分野での人材が必要である。将来の自分のキャリアも念頭において学べば、より身近な問題として捉えられるだろう。

平和構築・紛争予防を初めて学ぶ人には、西崎文子・武内進一編著『紛争・対立・暴力—世界の地域から考える—』（岩波ジュニア新書）をお勧めしたい。紛争や争いの背景には、その地域に精通した専門家でなければ分からない、複雑な事情がある。この本は、各地域の専門家がその複雑な事情をやさしい言葉で説明し、それぞれの紛争の特質をていねいに見ていくこと、「地域目線」の重要性を教えてくれる。

グローバルビジネスと外交

これからの世界経済を読むために

大濵《おおはま》 賢一朗《けんいちろう》

この講座名、大きなタイトルが二つもある上に、前者は経済・経営的な面で、後者は前者を前提として政治・宗教的な背景がある、と途方に暮れたのが正直なところだ。ビジネスは競争に勝ち残り、利益を得ることが重要である。外交は「テーブルの上で握手しながら、その下では蹴りあいをしている」などと言われる。この二つの共通点は、ケンカして負けずに、便益を得るということなのかもしれない。

globalという単語の意味を辞書で引けば、地球規模の、全世界の、広範囲の、全体的な、包括的な、などなど。

ビジネスであっても、外交であっても、globalを考えればいいのだろうか。第二次世界大戦から一九八〇年代位までの日本企業はglobalだったのか。どちらかといえば、対義語のlocalだったように思える。local の意味は、現地の、その地域の、地場の、地方の、局部的な、などなど。外交はどちらかと言えば、local の立場に立っているかもしれないし、今のビジネスには地域性も考慮して、グローバルな視野も必要となっているため、global+local = glocal という単語も誕生している。

さて、日本人は global をいつから体験しているのだろうか。東大寺正倉院にある平螺鈿背円鏡《へいらでんはいのえんきょう》の装飾に用いられている素材・材料は、どこのものを使用しているだろうか。ピンと来ないかもしれないので、身近な例をあげると、みなさん、花火を見るのはお好きだと思うし、トマトやジャガイモは召し上がると思う。

花火には、火薬が必要だ。いつどこから日本に来たのか。同じように、トマトやジャガイモはいつどこから日本に来たのだろうか。

火薬の例は諸説あるが、中国大陸で発見、発明され、モンゴル帝国が広めたとされている。トマトやジャガイモは、大航海時代を経て、現在では全世界で食用となり、それぞれの地域性に合わせ改良されているので glocal と言えるかもしれない。

火薬の例から考えて、モンゴル帝国はなぜ版図を拡大しなければならなかったのか。あの広大な版図を、どのようにして得たのだろうか。トマトやジャガイモの例から、ヨーロッパの人々は、なぜトマトやジャガイモを新大陸から持ち帰ったのか。……グローバルビジネスや外交を理解するためには、純粋で単純な「なぜ？」が必要となってくる。

本テーマの理解のためには、歴史の知識が必要だ。しかし、歴史上の出来事がなぜ起こり、その結果と影響を自分なりに解釈する必要がある。そのためは、地理、経済、政治、経営、文化、宗教などを思考の背景に持つことが必要であるため、この世界教養プログラム〈72の応用科目〉が準備されている。

本テーマは、経済、経営の国際的関わりと外交を理解するため、現在の株式会社や多国籍企業の元となった企業の成立と、商業活動とその背景を手掛かりにしている。

現在、G７（イギリス、アメリカ、カナダ、ドイツ、フランス、イタリア、日本）は、世界に占める人口のシェアが一割でありながら、世界の名目GDPの約四十％を占めている。第二次世界大戦後、G７の国々が競争に負けずに、便益を得つづけてきた結果と言ってもいいだろう。その一方で、BRICS（ブラジル、ロシア、インド、中華人民共和国、南アフリカ）と呼ばれる国々が、世界の名目GDPの約二〇％を占めるようになった。

今後の世界経済、ビジネスはどのようになっていくのだろうか。それを探る手助けが、このテーマのミソである。

国際金融システム

国境を越えて流れるおカネの話

阿部《あべ》 彰彦《あきひこ》

私達が日常使用するおカネは、財布に入れて使用する現金通貨と、銀行を通じて使用する預金通貨の二種類である。家計の経済は、生涯を通じてこの二種類のおカネの出入りで成り立っている。コンビニ、メーカー、大学、地方自治体、国もまた、この二種類のおカネで仕事をしていることになる。

日本の現金通貨は、特殊な紙片と金属片に記載された円表示の正の数値である。預金通貨は、預金者による現金の払戻し請求と、他の預金口座への残高の振替請求に対し、銀行が取引に応じる金額の上限を約束した帳簿上の数値である。おカネの本質は、売買に供されたモノ・サービスと交換できる、という特別な前提を備えた円表示の数値にすぎない。

日本円は、北海道から沖縄まで、全国の銀行・信用金庫等を通じて流通している。民間の銀行等が、全国ネットワークを通じておカネの受払（決済）や、資金過不足を調整するこうした仕組みを「国内金融システム」という。その法制上の元締めには、政府（金融庁）と中央銀行（日本銀行）がある。

さて、本題の国際金融システムの話である。世界には一九〇内外の国・地域が存在し、自国通貨を定め、売買その他の取引において制約なく通用する通貨圏を形成している（欧州連合加盟国の内の一九ヶ国は、例外的にユーロによる共通通貨圏を形成している）。各国の国内金融システムの仕組みは、日本と大差はない。

私達の生活は、グローバルな経済活動に依存している。原油や鉄鉱石を輸入できなければ企業活動は成り立たず、食糧や飼料の輸入無しでは人も家畜も生きてゆけない。しかも、産油国は日本円を対価とする原油取引には応じない。円は、他国との貿易取引の支払い通貨として使いにくいからだ。日本から自動車を輸出するメーカーも同様で、アジアやアフリカとの輸出取引においても、トヨタが現地通貨で輸出代金を受領することはまずない。こうして、国際取引では他の通貨と交換しやすい基軸通貨のリストが出来上がる。米ドル、ユーロ、円、スターリングポンド、スイスフラン等々である。

そして、各国には、自国通貨と基軸通貨を外国為替市場で交換し、外国との資金の受払（決済）と、基軸通貨の資金過不足を調整する銀行群が必要となる。この外国為替業務を営む、世界の銀行間ネットワークが提供する仕組みを「国際金融システム」という。

国際金融システムは、国内金融システムとは大きく異なる。まず、全世界ベースで国際金融システムを管轄する「グローバル金融庁」や「世界中央銀行」は存在しない。基軸通貨の数は、数え方にもよるが、せいぜい五～一〇通貨、取引対象となる通貨の種類は、圧倒的に預金通貨である（国境を超える現金通貨は、原則海外旅行者の少額決済に限られる。ただし、麻薬取引、密貿易、賄賂、資産隠しには大活躍する）。また、国際取引の決済手段は巨額の預金通貨なので、ネットワークを構成する中核の銀行群は、各国を代表する有力な大手銀行に限られる。例えば、数十億円、数百億円単位の円や外貨を、毎日のように動かす総合商社やメーカーの外為取引のメイン口座は、例外なくメガバンクに開設される。大型タンカー一隻分の原油輸入代金も、邦銀と外銀間の帳簿上の数値の増減により決済される。

国際的な金融取引では、貿易や直接投資等の実需取引の他に、金融市場における相場変動に動機づけられた内外の巨額の投機的なカネが動く。ふだんは静かな小川が激流となり、時に逆流し、国際金融システムの堤防を決壊させて氾濫することもある。

金融環境の激変は、多くのまともな企業の経営破綻や家計の崩壊にもつながる。卒業後は就職し、家計の資産形成に取り組む学生にとり、国際金融情勢は他人事ではないのである。

開発経済

途上国発展のための取りくみ

平山《ひらやま》 陽洋《あきひろ》

専門を極めるのではなく……

みなさんは、「開発経済」という言葉を聞いて、どういったイメージを抱くだろうか？ 経済に興味があるという学生や、国際協力に興味があるという人であれば、どこかでこの言葉を聞いたことがあるかもしれない。なかには、「開発経済」の関連書を手にとって読んだことがあり、詳しく知っているという人もいることだろう。

しかし、今日の日本の高等教育の場において、経済や国際協力を学ぶ学部や学科に所属する学生を除けば、「開発経済」という言葉にある程度なじみがあるという人の数は、おそらくそう多くない。実情としては、数学的処理が苦手という理由などから、経済を学ぶことをなんとなく敬遠してきたという学生や、あるいは、国際協力が世界で必要とされる大事な営みだろうと感じてはいても、自分も実際にかかわるとなるとどこか気おくれしてしまうという人が、それなりの割合を占めるのではないだろうか。

思わず敬遠してしまうこと、気おくれしてしまうことを、気まずく感じなくてもよいだろう。むしろ、学生の感じてしまう躊躇を受けとめて、心の障壁を取り除きながら、「開発経済」に対する関心を育んでいく教育が求められていると思う。それは、今後の社会を生きるうえで肝要な教養のひとつとして、「開発経済」の世界を紹介する教育、と理解してもよい。

もちろん、一方で、専門を極める教育の場が必要であるだろう。しかし、同時に、今後の社会のなかで関心をもつ人の裾野を広げることを目的とした教育的実践も、劣らず大事であるはずだ。では、そうした教育的実践は、どのようなかたちになるだろう？　教養として「開発経済」を学ぶとは、どういった学習になるだろう？

教養として「開発経済」を学ぶ

あえて単純化してわかりやすく表現するなら、そもそも「開発経済」とは、発展途上国と呼ばれる諸国の経済を発展させるために、それらの国々の経済状況を分析し、経済発展のための処方を考える学問である、といえる。発展途上国の経済発展を目指すことは、当該国にとってだけでなく、世界規模で大きな意味をもつ。というのも、グローバリゼーションの時代と呼ばれる現在、ヒト・モノ・カネの動きが世界大で連結し、世界各地の人びとの生活の営みが、互いに関係しあっている。そうした連結・関係を実感するには、自分の着ている洋服だったり、手持ちの日常品だったり、スーパーで売っている食品の産地を確認してみればよい。私たちが日常生活のなかで消費する製品のかなりの部分が、発展途上国からきていることを知るだろう。それゆえ、「開発経済」が目指すのは、対象とする発展途上国の経済発展だけなのではなく、その発展を導くことにより、つながりあったシステムとしての世界全体がうまく動きつづけるよう促すこともまた、「開発経済」の大きな目的のひとつであると考えられるのである。

ずいぶん壮大な目的に思われるかもしれない。しかし、その目的をただの夢物語に終わらせないよう、世界中で多くの人が、真剣に「開発経済」という学問に身をささげてきたし、NGO・NPOといった組織の社会活動を通して、その目的の実現に真剣にかかわってきた人の数も少なくない。折しも、いまの世界では、二〇一五年の国連総会で「持続可能な開発目標（SDGs：Sustainable Development Goals）」が採択されたのを受け、貧困や不平等を解消しうる経済システム、平和で公正な社会を実現しうる経済システムを構築するために、さまざまな試みが展開されている。そうした現実を知る、みずから分析して判断する、他の人と議論を重ねる、そして、行動に移す——そのための方法を学習する。分析や判断がうまくいかないという経験も、他の人との議論が迷走するという経験も、きっとすべてが糧となる。そういった試行錯誤の学びこそが、「教養として『開発経済』を学ぶ」という営みのあるべき姿であるだろう。

国際関係　哲学・法・ジェンダー
グローバルビジネス　公共政策

ベンチャービジネスと経営

社会的行為に参加すること

蕎《そ》麦《ば》谷《たに》　茂《しげる》

大学三年生の後半になると、多くの学生が就職活動、いわゆる就活で悩み始める。どのような職業に就くべきか、果たして希望する会社に入社できるのか。

二百年前の日本ではしかし、ほとんどの若者は就活で悩むことなどなかった。親の職業を継げばよかったからである。農民の子は農民に、大工の子は大工と相場が決まっていた。そう考えると、就活は職業選択の自由の実現であり、そこでの悩みは、人生の岐路を自分で決める迷いであり不安である。

では、職業とはなにか。

かつて、人は自給自足の生活をしていたと考えられる。食物も身に纏《まと》う服も、自分で賄《まかな》っていた。そのうち、魚を釣ることが上手な者や、服を縫うのが得意な者が現れる。と、そうした得意分野にお互いが分かれ、時間を費やした方がより多くの成果があがり、成果物を交換することで、より豊かな生活が送れることを学ぶ。分業と交換である。交換の場は、市場と呼ばれる。分業は、社会を構成する成員の立場からは役割と呼ばれる。すなわち、職業とは社会的分業の一端を担う役割である。

分業は社会的なものもあるが、複数の人が協力し合って働く場合にもなされる。特に十八世紀末の産業革命以降、株式会社に代表される会社組織が誕生していく。そこでは、分業と協業により大量生産が実現されてきた。組織における分業とは、かつて一人の職人がしていた作業を多くの工程に分け、各人がそれぞれの工程を担当することである。

協業とは、分業する各人が息を合わせて協力することである。それにより仕事が単純化され、より多くの製品がより速く、より安くつくられる。経営とは、組織における分業と協業を調整し、人々が求めるものを市場に供給していく行為である。

会社組織のうち、小さなもの、設立されて間がないものが、ベンチャービジネスと呼ばれる。アドベンチャーのベンチャー。冒険にリスクはつきものとされる。大企業も最初はベンチャーである。画期的なイノベーションは、ベンチャービジネスから生まれる場合が多い。

大企業は、メイン市場でメイン顧客の要望に沿った製品開発を行う。ベンチャービジネスはサブの市場で一部の特異な顧客を相手に製品を届ける。しかしそれが、時に時代の要請に適合すると、いつの間にかメインな市場にとって代わっていく。ＩＢＭが支配していたメインフレームの市場に立ち向かった、初期アップルのパーソナルコンピューターや、GMやフォードが支配し、フルサイズ車が隆盛を極めていた米国自動車市場に参入していく、黎明期の日本の小型乗用車などがいい例だ。

社会とは人間の結合であり、そこでは分業と交換に代表される相互行為がなされている。それは社会的行為と呼ばれるが、就職とはまさに、そうした社会的行為に参加することである。多くの学生が既存の組織の中に入り、組織内の分業と協業に従事することを選択している。

中には、少数ではあるが自分でベンチャービジネスを起業し、経営者として分業と協業の調整を通して、画期的な商品やサービスを人々に提供しようとする者もいる。リスクや成果の違いはあるが、どちらも社会的行為への参加であり、社会的な分業の一端を担っていることに違いない。

リスクは波の振れ幅だとイメージすれば、分かりやすい。振れ幅が比較的小さいとされる確立された企業の組織に入るのか、振れ幅の大きなベンチャービジネスで大きな成果を目指すのかは、結局生き方の問題である。

いずれにしても、自分が社会においてどのような役割を担いたいのかという明確な意思が、大切である。

お薦めの一冊

辻村宏和・堀田友三郎・上嶋正博編『企業人と起業家―変わる21世紀の人材』青山社

国際関係　哲学・法・ジェンダー
グローバルビジネス　公共政策

企業会計を読む

林《りん》　慶雲《けいうん》

会計と言語と文化

外国語大学になぜ、会計学の科目が設置されているのか、きっと疑問に思う人が多い。確かに、世間一般では「外国語大学」と聞いたら、言語を中心に勉強する大学だと連想し、実際に大学の教育課程には、多くの語学関連の科目が組み込まれている。

言語には様々なものが存在する。私たちの日常生活でいう言語を「一般言語」というならば、ビジネス分野において「ビジネス言語」と呼んでいるものがある。それは会計である。一般言語（英語や日本語、中国語など）が存在しない社会生活を想像することは難しい。それと同様に、会計という「ビジネス言語」がないと、企業の経済活動や私たちの日常的な社会生活をどのように営むかも想像できない。というのは、私たちが現在、生きている社会は経済社会であり、ここでのあらゆる経済活動は、一定のルールに基づいて記録・計算し、最終的に数値（金額）で示されることになるからだ。

学生時代の日常生活においては、誰もが日々の生活を、その期間の収入の範囲内でやりくりし、知恵を働かしている。無意識のうちに、損益計算しているのである。就職活動が始まったらどうであろう。意中の会社について、様々なルートから情報を集め、チェックするに違いない。なにをどうチェックするかについては、一定の会計知識が必要となる。年間売上額がいくらか、利益を出しているか、借金はどのくらいあるか、これらは結果的にその会社の実力、ひいてはその会社の安定性、成長力に繋がる。

せっかく苦労して入社できた会社なのに、もし一、二年もしないうち倒産してしまうとなると、誰もが困惑する。そうならないために、会社の損益計算書や貸借対照表などをもとに、収益性や安定性、成長力などを調べる必要がある。この調べ、分析する能力は、ビジネス言語である会計知識が求められる。最近、企業が求める、必要最低限の能力は、「英語、パソコン、会計」という三種の神器だという説がある。このように、会計は大学生、社会人にとって必須の知識といっても過言ではない。

会計といえば、数値のことが思い浮かぶ。特定の数値、例えば当期純利益を導き出すプロセスのなかには、テクニカルなものが世界共通である部分が多い。しかしながら、会計学は社会科学であり、その社会における文化的な要素も多く反映している。

会計の究極的な役割の一つは、いかに合理的かつ客観的に、「資産」と「費用」の間に線を引くことである。少し難しいように聞こえるが、次のケースで考えてみよう。スーパーで一万円分の食品を購入したとしよう。ある人にとって、購入したのは「食品」であり、資産を所有していると考える。また、ある人は、「食費」のために一万円を費やしたと考える。仮に、ある日、例えば週末に冷蔵庫のなかを見たところ、約二千円分の食料品はまだ手付かずの状態だったら、「食品」を購入したと考えた人は、消費してしまった八千円分を「食品」から「食費」に振り替えるが、最初から一万円を「食費」のために費やしたと考えた人は、残り二千円分を「食費」から「食品」に戻す。

結果は同じであったが、この二つ会計処理法の背後には、異った社会文化あるいは価値観があるといえる。「食品」と考えた人は、どちらかというと楽観的であり、「食費」と処理した人は、なんとなく保守的に見える。ちなみに、アメリカの会計慣行では、「食品」と処理する可能性が高く、日本の会計実務では「食費」と処理する傾向がある。

会計学が自分に縁がないと考える学生が、もしいたならば、ぜひ、会計のことを見直してほしい。ビジネス社会に身を置いている以上、ビジネス言語である会計は絶対必要である。

グローバルビジネス人材論

本当のコミュニケーション能力とは？

ポール・クレイン

二月初旬の午後、名古屋外国語大学の十三人の学生と二人の教員が、マニラ国際空港のドアを出て、フィリピンのまばゆい日差しを浴びた。極寒の日本から来た身には、その湿気は大きく温かなハグのようだった。ヤスが出迎えしてくれた。彼は我々が二週間ケソンで行う国際ボランティア・プロジェクトのコーディネーターだ。やっとケソン中心部の宿泊所に到着したとき、ヤスと学生たちを観察して、私はメモを取りはじめた。「グローバル人材に役立つ技能がありそうな人物を見つけたぞ！」

はっきり分かったのは、ヤスの非常に効果的なコミュニケーション・スタイルだ。英語が流暢ではなく、豊富なボキャブラリーもないのに、コミュニケーションを進めている！　なぜそんなことができるのか？　まず言えるのは、ヤスがつねに相手とアイ・コンタクトを取りながら熱心に話を聞くこと。ひんぱんに相槌《あいづち》を打って、熱心に聞く姿勢をアピールしている。アイデアを表わす適切な言葉が思いつかないときでも、簡単な単語とジェスチャーを使って伝える。何かが理解できなかった場合、諦めるのではなく、理解できるまでがんばりぬく。これがコミュニケーション能力と呼ばれるものだ。優れたコミュニケーターであるためには、完璧に流暢であったり、正確であったりする必要はない。重要なのはまず、間違いを気にしないでいいということだ。これはグローバルビジネス人材に有用な特性だと思う。

次の日は、小学校でのボランティア活動の初日。渋滞での長時間移動のあいだ、学生のほとんどが居眠りしたり、携帯プレーヤーで音楽を聴いたりしているとき、ヤスは移動中ずっと活発に英語で会話していた。マニラの交通について質問し、通過する車のナンバープレートに、ある決まりがあることに気づいた。鋭い観察と強い好奇心で、曜日によってナンバープレートの規制が行われているのを発見したのだ。このように彼は毎日、行き帰りの長い移動中も有効に時間を使い、たくさんの質問によって会話を続けた。

異文化間コミュニケーションの興味深い一面は、「コミュニケーション意欲」と呼ばれる態度である。そしてグローバルビジネス人材にとって有用なもう一つの特性は、別の文化に対する心からの好奇心と、他者から学ぼうとする強い欲求である。

日本語には「ＫＹ」という言葉があり、「空気を読めない人」や人付き合いが苦手な人をさす。ある日、学生の一人がいつになく静かであることに気づき、ヤスは具合が悪いのかと訊いた。そして判明したのは、学生が外国文化の中で強いストレスを感じており、それをうまく人に伝えられないでいる、ということだった。ヤスは学生を脇に連れ出して話をし、学生は親身になってくれる相手に自分の気持ちをぶちまけることができた。友人も教員も、この学生が問題を抱えているとは気づかなかったが、ヤスは気づいたのだ！

ヤスのこの行動は、二つの行動特性に分類できる。「共感」と「感情的知性」である。共感とは、相手の身になって同じ気持ちになることができる能力。そして、近年ますます注目が高まっている感情的知性＝心の知能指数（ＥＱ）は、基本的に自己認識と他者認識という二つの要素から成る。

もっと正確に言うと、ＥＱは自分自身の感情を理解し、コントロールする能力であり、自分の周囲の人の感情を理解し、コントロールする能力である。ヤスは、学生がカルチャーショックとホームシックに苦しんでいることに気づいて学生を助けることができ、さらには相談に乗って助言を与えることができた。こうした共感とＥＱは、グローバルビジネス人材になるために有効な特性ではないだろうか。

フィリピンへの旅は、学生にとってだけではなく、教員／研究者にとっても、目からウロコの経験だった。自分の文化とは違う文化の体験は、「グローバルビジネス人材」への能力を高めるのに一歩前進させてくれる！

あとがき

「人生百年時代」の教養とは何か

名古屋外国語大学長　亀山　郁夫

「教養」とは、そもそも何を意味するものでしょうか。

私が思い描く「教養」のイメージは、中心に深い窪みをもつ、渦巻き型の知識の体系です。中心に向かって波形を描きながら、ゆるやかに吸収され、「専門」が形成されていく。そして渦巻きそのものに勢いがあるように、教養にも一種の求心力があります。

中国の有名な諺「桃李成蹊《とうりせいけい》」。桃李とは教養人のことです。その周りにはおのずから道が生まれ、人々の輪ができる。人々からリスペクトされる教養人は、知、情、意の三つのバランスを保ちつつ、静かな人間力を介して人や世界を動かしていきます。

教養の役割を過大に評価する必要はありませんが、「パン」に満たされ、「教養」を問うことのできる幸せな状況のわたしたちだからこそ、教養を介して世界とつながり、自分の位置を知り、世界の人々に対する役割を自覚すべきでしょう。自分だけ楽しければよいのではありません。「桃李」のイメージが示唆するように、教養は本来、「共有」の喜びに由来するものなのですから。

教養はまたグローバリゼーション、AI化という現代の状況と切っても切れない関係にあります。そのとき何よりも恐れるべきなのは、テクノロジー万能が生みだす「傲り」です。もともとの「ヒューマン」の語源、「土（フムス）humus」には、神に対置された「卑しい」存在という意味がこめられていました。しかし科学は「へりくだり」を忘れ、AIのもたらす「全能感」におぼれて、人類が営々として築きあげてきた文化や伝統に目を瞑る……。

先進テクノロジーによって日々の労働や生きがいを奪われながら、逆に私たちの生きる時間はどこまでも伸びていくという、矛盾した現実。そんな虚しい「人生百年」を、いかに喜びにあふれた時間に変えられるかがこれからの最大の課題です。

一八八七年にノーベル文学賞を受賞したロシアの詩人、ヨシフ・ブロツキーは、「二世紀後に出現する新ローマ帝国」でコンピュータがつくる悪夢を描きだしました。ある監房に無作為に選ばれた二人の囚人がとらわれています。二百四十年後の食事のメニューまで決定ずみ、という恐るべき管理体制です。かわりに十分贅沢な食事と、おしゃべりの自由は与えられています。しかし、ただそれだけ。変化は決して訪れません。これをはたして「人生」と呼べるのでしょうか？

「人生百年時代」は始まっています。百年を豊かに生きるか貧しく生きるかは、一人ひとりがきめること。幸い、わたしたちが享受できる喜びは世界の至るところに存在しています。そのありかを探る技術、そして喜びの発見をうながし、人生を喜びの百年に変える力こそが、「教養」あるいは「世界教養」なのです。

自分の可能性を探る扉は、ここに開かれています。「72のレシピ」を通して、喜びの起源にたどりついていただきたいと思います。

最後に、本書の誕生にご尽力をくださった諸先生、また本書の出版に力をそそいでいただいた本学出版会編集長の大岩昌子先生および編集主任の川端博さんに、心からお礼を申し上げます。そして、だれよりも過去四年間、世界教養プログラムの責任者として運営にご尽力くださった、今は亡き西川真子先生の思い出に本書を捧げることをお許しいただけましたら幸いです。

二〇一八年八月

（掲載順）

佐藤亮司	現代英語学科・講師
大岩昌子	フランス語学科・教授
三品由紀子	現代英語学科・講師
広瀬徹	グローバルビジネス学科・教授
若山公威	世界教養学科・准教授
広瀬徹	グローバルビジネス学科・教授
柿沼岳志	名古屋外国語大学・講師
ドゥエイン・キント	現代英語学科・准教授
後藤希望	国際教養学科・准教授
宮川公平	世界共生学科・准教授
横山陽二	国際教養学科・准教授
津田守	名誉教授
吉富志津代	世界共生学科・教授
宇治谷映子	英米語学科・准教授
吉見かおる	現代英語学科・講師
高田康成	現代英語学科・教授
宮川公平	世界共生学科・准教授
小林洋哉	グローバルビジネス学科・教授
蕎麦谷茂	グローバルビジネス学科・特任教授
鶴本花織	国際教養学科・准教授
真田郷史	世界教養学科・教授
小野展克	世界共生学科・教授
蔵田敏明	日本語学科・教授
城月雅大	国際教養学科・准教授
福田眞人	大学院国際コミュニケーション研究科・教授
奥田隆男	国際教養学科・教授
フィリップ・ラッシュ	英米語学科・教授
高瀬淳一	世界共生学科・教授
マシュー・ホワイト	英語教育学科・准教授
井上泰夫	グローバルビジネス学科・教授
真家陽一	中国語学科・教授
松山洋平	世界教養学科・講師
堀部純子	世界共生学科・准教授
大濵賢一朗	グローバルビジネス学科・准教授
阿部彰彦	グローバルビジネス学科・教授
平山陽洋	世界教養学科・講師
蕎麦谷茂	グローバルビジネス学科・特任教授
林慶雲	グローバルビジネス学科・教授
ポール・クレイン	世界共生学科・教授

執筆者一覧

甲　斐　清　高	英米語学科・准教授
小　山　美沙子	フランス語学科・教授
ハンフリー恵子	英米語学科・教授
野　谷　文　昭	世界教養学科・教授
諫　早　勇　一	世界教養学科・教授
地　田　徹　朗	世界共生学科・准教授
平　山　陽　洋	世界教養学科・講師
濱　嶋　　　聡	世界共生学科・教授
佐　藤　都喜子	国際教養学科・教授
島　田　周　平	世界共生学科・教授
西　川　真　子	中国語学科・教授
齋　藤　　　絢	日本語学科・助教
ライアン・モリソン	世界教養学科・講師
伊　藤　達　也	フランス語学科・教授
高　橋　直　子	英語教育学科・講師
サイモン・ハンフリー	英米語学科・准教授
浅　野　輝　子	名誉教授
ムーディ美穂	現代英語学科・准教授
加　藤　有　子	世界教養学科・准教授
石　田　聖　子	特別寄稿
梅　垣　昌　子	英米語学科・教授
ルーシー・グラスプール	現代英語学科・講師
トーマス・ケニー	英米語学科・准教授
川　原　啓　嗣	名古屋外国語大学・講師
林　　　良　児	フランス語学科・教授
松　山　洋　平	世界教養学科・講師
蔵　田　敏　明	日本語学科・教授
トレバー・アストリー	英米語学科・准教授
奥　田　隆　男	国際教養学科・教授
室　　　淳　子	現代英語学科・教授
佐　藤　雄　大	現代英語学科・教授
伊　藤　　　史	名古屋外国語大学・講師
福　田　眞　人	大学院国際コミュニケーション研究科・教授
竹　内　慶　至	国際教養学科・准教授
大　橋　保　明	教職センター（教職課程）・准教授
ダグラス・ウィルカーソン	世界教養学科・教授
宮　田　隆　司	名古屋外国語大学・講師
眞　鍋　和　弘	グローバルビジネス学科・准教授
大　矢　芳　彦	世界教養学科・教授

世界教養72のレシピ

名古屋外大新書

2018年 9 月25日　第 1 刷発行

名古屋外国語大学・編

発行者　亀山郁夫

発行所　名古屋外国語大学出版会
420-0197　愛知県日進市岩崎町竹ノ山57番地
電話　0561-74-1111（代表）
http://www.nufs.ac.jp

デザイン・組版・印刷・製本　株式会社荒川印刷

ISBN 978-4-908523-12-0